簡單就快樂

SIMPLE=HAPPY

司恩魯著

CONTENTS

簡單邏輯② 因為簡單而幸福

簡單邏輯③ 因為簡單而滿足

簡單邏輯④ 因為簡單而平靜

簡單邏輯⑤ 因為簡單而豐富

序文

零的快樂

司恩魯

當一個生命停留在零的時候，是最好的時候，因為任何一個時刻，只要增加一點點，都會幸福快樂的。

日本演員吉行和子說道：「生活不富裕，不一定就不快樂，金錢不是人生的一切。」她曾飾演一位戰亂後的鄉下老婦，戰爭後的混亂與貧窮，不能夠打擊她的心靈，反倒生活中的真純滋味，讓人感到幸福。

富裕與快樂，不完全成正比，貧乏讓生活簡單，反倒有一番真情的滋味。

假日，當我看見一位中壯年的父親帶著他的兒子，下田種芋頭、鋤草，烈日炎炎，我看了心有所感。

「小朋友，你唸幾年級，你好厲害喔！竟然會種芋頭，現在的人都不願意種田，也不會種田，以後會種田的你，很吃香喔！」

那看起來細皮白肉的爸爸，聽見我這樣稱讚他的兒子，很開心。

他順勢地說：「現在的孩子只知道打電玩，完全不運動，假日帶他來種田，讓他運動一下，順便教他如何種田。」

這讓我想到我那節省的父親，在我小時候，常常強迫家中三個小孩假日包幾百個水餃，當時可是包得心不甘、情不願，並且會跟父親說：「水餃皮出去買就有了，何必這樣辛苦呢？」

父親回答我：「如果有一天戰亂，妳要去哪裡買？」

當時不以為然，長大之後，非常感恩父親教導我們包水餃，我覺得可以把一包麵粉變成一包水餃，真的很棒，自己和麵、醒麵、做水餃皮、包水餃，真是節省又營養衛生，其中還有感恩的滋味。

貧乏童年的快樂，有許多是從零開始，最後作出成品，這些比用金錢買完好的成品，要有意義得多。

戲劇演藝人員李厚豪先生說到自己的成長過程，因為不快樂，他曾經蹺家，當時身上僅有二十五元，買一罐水，就只剩下十元，他開始掙扎這十元到底要買麵包呢？還是買報紙禦寒？後來他決定買報紙禦寒，從十五歲開始，他做過麵店工人、搬貨工人、餐廳服務生……

這些辛苦，他並不怨恨，反而用感恩的心來看這個世界。

另一位韓國的明星趙顯宰先生，早年父母臥病，自己連唸高中的錢都沒有，家中的困境，逼得他必須趕快出社會扛起家計，他做過飯店職員，在工地搬過磚頭，最後以自修的方式取得同等學歷考上大學。

他自述：「自己比同年齡的人歷練更深。」

一個人的人生，最初是在最慘的刻度：零，堅苦卓絕，突破零之後，生命就開始豐富了，也開始富裕了，生命的精采度，比一般人高得多。

一位化妝師，當年面對著家人的反對，連吃飯錢都沒有，卻決心要做一個化妝師。跟家人、跟自己的肚皮對抗，最終還是讓他從地獄翻身，成就自己的成功。

北一女一百零三年來，第一位四肢癱瘓的新生——劉憶年同學，父母年紀大，經濟完全靠父親的退休俸，成長過程有時必須一天吃一餐，母親更是辛苦，必須為她每兩個小時換一次尿布，這樣的辛苦，她依舊樂觀，努力表現出自己最佳的成績。

她入學之後，希望可以參加戲劇的社團。

生命如戲，上帝給她一個與眾不同的角色，她不害怕，她相信她是上帝遴選的最佳女主角。

問她為什麼這樣執著，她回答：「要為家人爭光。」

另一位八十幾歲的老爸爸，撿破爛維生，兒子靠著樓梯間的燈光考上建中。

父親的辛苦，感動了兒子，兒子自勵的精神，安慰父親的餘生。看似淒苦，卻是讓人內心受到滿滿的鼓勵。

生命貧困又如何呢？富裕的生活不一定有這樣感人的故事呀！

「總有苦盡甘來的一天。」一位不識字的阿公，獨力撫養自己的孫兒，這是他一直堅信的話語。

這是正確的，這世界的苦，總有結束的一天，不要害怕。

生活中，我們看見許多人正處於貧困、拮据、無奈、不堪……一無所有「零」的境地，但是這些人，並沒有因此讓自己成為負數，反倒艱苦自立，讓自己不段爬升，讓自己愈來愈好。如果你的生命是零，請向他們看齊，不放棄，不失望，努力自己能做的一切。

如果你的生命不是零，你是如此幸福，幸福的你，一定要好好珍惜自己，勵志自己與他人快樂、堅強。

《簡單就快樂》是我從簡單生活中省悟的正面精神，希望給你一些參考，也願你看完此書，也有一些不同的自我省悟。

謝謝大家，並祝你們平安喜樂。

改版序

內心飽飽的，就可以要得不多

司恩魯

審閱過去

因為再版，我開始審閱過去的文稿，頓時之間發現，有許多自己已經淡忘的事情，是這樣的有趣，有意思，真感謝上天讓這本書稿出版，否則恐怕就塵封在我家的雜物堆中了。原來過去自己過得挺好的，遇見很多有意思的人，而這些人也給我很多生命正面的省思，滿滿滿滿的，讓我刪得天昏地暗，為了滿足編輯精簡的需要。

我一直自信自己的記憶力很好，看了書稿，才發現有許多事情自己已經遺忘，同樣的推想，親愛的讀者們，是不是也淡忘了過去自己的事情，自己豐盈的收穫？

你現在要不要也翻翻自己塵封的相簿、書籍、雜記、部落格、衣櫥……舉凡可以想起過去的物品都可以。

審閱過去，可以讓你心靈豐盈，面對未來，會好好過，也會多用心，多用情，甚至因為這樣回顧過去，內心滿溢，對於未來就會索求不多。

感情滿滿

看了過去的書稿，幾年前的我，只養兩隻狗，我現在已經養六隻狗了，變化真是很大，增添了大白熊、小妹妹、小白癡、小黑，每一隻狗都有悲傷的故事，但如今卻活得幸福快樂。大白熊，一隻受虐的狗狗，如今可以在荒廢的田地中大步奔跑，每一次奔跑，我的內心都感動著，只要活著，就有幸福的時刻；小白癡，更是一隻奇蹟的生命，被人丟棄的癱瘓狗，眼睛卻亮亮的，原本只想讓牠在我家安心的死去，連獸醫都說需要安樂死的狗，如今是家中最頑皮的狗……

人生也是如此，沒有放棄，就一定有機會幸福的。

更高深的是，當幸福完成，可以不用在自己身上，自己內心居然幸福滿滿，不用外求。

感恩之心

看過很多罕見疾病患者的故事，看過很多生命因為意外殘障的奮鬥故事，看過很多即使貧瘠一無所有卻堅持付出的故事……我發現，當下的健康、平安已經是上天恩賜了，看起來這樣普通、容易的，對於一些人，卻是一出生也無法得到的。想到這裡，懷著感恩之心，即使遇見任何辛苦、不順利、困境，都會告訴自己，自己是得福之人，不可以抱怨神，不可以失志於自己。

懷著感恩之心，分享自己的福氣。

喜歡簡單

喜歡簡單，簡單得接近貧瘠，這樣的生命，幾乎沒有失落。簡單的生活，從不為任何節慶製造任何的氣氛與物質，就像是過尋常的日子，哪年老了，氣衰了，也不感覺零落。

喜歡簡單的飲食，一來可以長久保持良好的身材，二來不怕老來齒牙動搖、食欲不佳的問題，三來緣於每日愛生而不讓動物成為口欲之源。

喜歡簡單無飾的住家，不在乎家飾，根本不會花一分，當然，家中空間充塞的，都是自己在乎的東西。

喜歡上簡單，習慣上簡單，過慣了簡單，複雜可以來，卻可以不貪圖，不引誘於心。

感謝愛上簡單、單調、貧瘠，讓生命多平靜、少浪費、不殺生、多快樂。

生命的反逆

再版的時際，聽聞《麥田捕手》的作者沙林傑去世，想及他著作中的青少年，對生命如此不滿，滿口都是一些嘻皮的話，卻也樂觀向前行，其實這是一本非常好的勵志作品，看起來遊戲，卻是堅強，一邊苦悶，一邊苦中作樂著，看著每天媒體充塞著這麼多不正確的言論、錯誤的價值觀，我想人心的舵真的很難掌控，難得沙林傑一生隱世，過自己的價值，在山邊小屋，活到近一百歲。

面對媒體的一切，智慧的你，要有反逆之心，不要被牽著走，心舵要調整好，水清，一切自明，生活簡單，就可以抵禦繁雜，生命的苦，就可以減下。

最後，祝福大家平安喜樂。

簡單邏輯①

因為簡單而快樂

因為愛，而不存在的物品

「有些物品，會因為愛，而不存在了。」相對的，這句話若是公式，這樣倒推回來，有些物品若還存在著，就可能是這個人對於愛的領悟，還不到一個程度。

一個競賽，是親子一起合作完成早餐的比賽，其中一位評審，被問到自己評分的標準在哪裡，他說道：「我第一個就看這位媽媽手上有沒有戴戒指、手錶，甚至有沒有擦指甲油之類的，如果看見，我會扣分。」評審如此嚴苛，讓我覺得ＯＫ，我了解評審這種感覺。以我為例，過去我是那種十根指頭都戴上戒指的人，我也是那種滿手腕都是銀鏈子的人，但自從養狗之後，這些我都割愛拔下來了，因為這些有可能會在我撫摸牠們的時候，不小心傷了牠們。可能是我過慮了，但我曾經因為自己手上的蝴蝶銀戒指，不小心刮到小狗的鼻子。有了一次經驗，我決定放下自己對於飾品的喜愛。

這個決定，往後讓我省下不少錢，也斷了生命中的一個「欲」──愛戴飾品的欲望。

所以，我相信這位評審的評分考量，試想：一位主婦，應該把「愛與食品衛生」擺在戴飾品的滿足之上，這份愛的早餐才有意義。

＊　＊　＊

過去超愛絨毛玩具，但自從自己養狗之後，所有的玩具都不若自己養了一隻真實的狗，來得精采刺激、意義非凡。

「我女兒很愛小動物，但是我不准她養，所以她滿屋子都是絨毛玩具……」旅遊中聽見一位老師說著。

有些感覺是無法替代的，就如同所有電視播出的旅遊地的風景介紹影集，就是無法取代自己親身造訪的那一份感受。

如果你現在不能認同我的看法，請先保留自己的「不認同」，等到有一天，你自然可以了解這一份心情。

＊　＊　＊

另一個商品我也覺得有趣，那就是護手霜。有時候，我覺得它是多餘的，就算你不是一個賢慧的人，但是你的手一天下來，應該也要洗個幾遍吧！一個主婦早上要洗衣、整理家裡、準備餐點，一天之內，手碰到水的機率應該很多，

搽上護手霜又洗掉，真的麻煩，又浪費。

如果不是主婦，為了身體健康，手也是要洗上多遍，不是嗎？

護手霜對於一個勤勞的人、注重衛生的人，似乎是可以不存在的。

護手霜，還是有用武之地，那就是每天晚上終於可以上床休息時，搽上護手霜。

因為愛，因為避免傷害，許多自己的「喜好」不見了。因為愛，欲望放下了，這是愛過的人才有的心情。

病中領悟最多

百分之九十九的生病，都是對自己精神有益的。而剩下的那個百分之一呢？就是必死的疾病了。

健健康康的人，可能每天都有些領悟，但如果生病的痛苦加諸在一個人的身上，那感觸是「真切」的，這比看任何一本令你感動的書與文章，都要來得真實些。

我從父親身上了解了，如果當一位老人發生食欲不振的時候，就要注意這位老人的身體，因為身體內的器官運行出現了問題，自然食欲就不佳了！

當然，食欲不振也有情緒上的問題，但最先應是身體器官出現問題，影響一個人無法控制自己的情緒，進而食欲不佳。所以，當你與一位情緒不好、食欲不振的老人相處時，不要表面地看他的生氣，其實他的身體已經在變化了。

當然，這個道理推移到非老人的身上也是適用的，情緒不佳可能是面前這位人士身體不好，抑或精神的健康出現了問題。

我就親身經歷過一位老師的情況，平日愛發生氣的他，結果壯年就因癌去世；另一位工作的主管，上班超愛罵人，結果有一天突然暴斃了。

一個人不會莫名其妙地生氣，一定是這個人的身體或心理出現了問題，然後又看見不爽的事情，才會有此表現。

＊＊＊

某一天，我頭痛欲裂，躺在床上，我一邊忍受頭痛一邊分析著，到底是什麼原因讓我頭痛？發現所有想的都有可能，於是決定從此開始戒除、修正所有可能的原因——一天不要喝兩杯以上含咖啡因的飲品；風大時，一定記得戴帽出門，保護頭部；也不要頭髮初乾就出門吹風；室內的窗戶一定不要緊閉，尤其是煮東西的時候……

一個頭痛，修正我的行為。

另一個省思，我看著躺在床邊陪病的狗寶貝，心生憐愛，現在我的身體只是一個頭痛，還可以自持，但有一天如果自己無法自持，狗寶貝就可憐了。

當下，起了自立自強的心，我想到——身體的健康維護不是個人的事情，更大的意義，在於「責任心」的問題，對自己身邊親愛的人與事，抑或動物，依舊有責任，所以要好好維護健康，不可任性。

如果我看見一個人對健康任性，我會想，這個人心中沒有愛與責任。

＊　＊　＊

我每一次的旅行，都會遇見一兩位，甚至很多位大病初癒的朋友，我聽過不少

他們的覺悟。生病，成為他們完成夢想、放下生命執著的關鍵。

過去一位朋友，擔任記者工作，他告訴我，他總是在沒有新聞事件時，到醫院的急診室一坐，就可以看見難得的生命故事。

生命中的好與不好很難說，有時候給你最多的，竟是你正承受身體疼痛的時候。

隔天，病痛好了，發現自己更感恩，對陽光，對每一天的平淡，多了興奮的元素，一天中無痛無苦，也是一種難得的幸福……

人生成就，成就人生

「這個人好像是我同學！這個同學過去的樣子，我現在還有點兒印象，可是他小學成績很差，又很皮，怎麼有辦法這麼有成就……可能又是什麼邊疆民族，加分加一加，就進了台大……」

人習慣以一個人的學歷、職業、收入來代表一個人的成就，然後產生一些酸味十足的話語與心理，很少去想，或許這些成就並不能代表一個人的快樂幸福。

大多數人多在自省之後，才知道這些浮世的成就並不是真正的成就，真正的成就，是一個人內心的平和、幸福、知足。

看見一位家具的代理商，自家中極少自己代理的名家昂貴家具，反倒是許多自己旅遊帶回來的小擺飾——有味道、價格尚可的物品。許多人追逐個人的成就，而他追求的是如何將自己有限生命，吟詠得更好些。

還記得有這麼一部電影：一位特別的老師，鼓勵學生去追求自己想要的一切，他指著一張張出自這所學校的偉大人物相片，問著學生，這些偉大人物，現在都去哪兒了。

偉人全部都入土為安了。

既然大家的終點都是一樣的，無論你是最高學府畢業的、擔任最令人羨慕的職業，抑或一分鐘可以收入數十萬元的比爾・蓋茲，大家回歸的目的地都是一樣的。

就因為目的地一樣，那何不過得如自己所願一些，聽聽自

己內在的聲音，努力去做。

不要追求人生成就，要追求成就人生。

如同這個道理，我提出一個多年旅遊的心得，那就是愈是波折、愈是辛苦的行程，給予自己的記憶就最深刻。

如果你青春正盛，就追求舒服安適，那麼生命很容易迷失其中；追求一個困難度高的，並樂於接受波折與困難，這樣的人生，就社會價值來看或許不怎麼樣，但在個人的生命中，卻是令人印象最深刻的。

我們永遠都需要反省，因為自己一直都沒有這樣聰明、這樣的睿智，一下子就可以想清楚人生該是如何。所以，請給自己每天一些反省的時間，反省所有的羨慕忌妒，歡喜幸福……

分析自己所想的，是不是正確的。

殿後的人

我觀察過幾次，那「總是殿後的人」，背景都很了得。

好多次，我都發現一些前輩總是走在最後，那時我省思：一馬當先，實在太容易了，但願意「殿後」的人，就不太多了。

連那氣力已衰、垂垂老矣的人，都不願意落後，都要證明自己猶能戰矣呢！那自願殿後的人，可以什麼虛榮都不要，別有用心的殿後，這心思可就大了。

在尼泊爾旅遊中，我殿後的原因，是因為一位阿姨實在是撐不住，又沒有人理她，所以我自願殿後，但我看見在我後面更為殿後的人，是那可以一邊殿後，一邊與山區店家小妞聊天的雪巴人（導遊）。

山區健行，對他們來說像是逛自家後花園一般，而體力好、體力差對他們來說，沒有太大的感覺，不像我們這樣的在乎。

在西藏旅遊中，那殿後的一位前輩，是管理階層的人士，他有部分殿後的原因是體力不佳，另外就是：「我希望可以幫助落後的人。」

那位殿後的人，有這樣的心，需要特別大的心與肩膀。

捷克旅遊中，那殿後的先生總是注意人數，找回漏失的團員。後來我才知道，這位先生是一位退休的學校主任，「團體責任心」把他訓練得成為一個有團體意識責任感的人。

新疆旅遊中，有一位特別注意團體行李、司機狀態的人……後來我才知道，他已經是一位創業有成的退休台商。這樣的格局，難怪他的事業會成功。

九寨溝旅遊那個殿後的先生，大家都是一馬當先搶伙食，就他不是，自願餓肚子幫大伙顧行李，等團員回來之後，自己才去領食物。顧前又顧後，後來也發現是一位創業有成的企業家。

不是企業家就偉大，不是說台商就了不起，不是退休老師就很厲害，都不是，我看見的是，他們的心與肩膀一樣大，所有的目光與想法都是「團隊精神」，這樣的人難怪可以有不一樣的人生呀！

如果你也想有不一樣的人生，心與肩膀要大，另外，要別有心思的「殿後」看看吧！

非洲正經事

一位遠赴非洲拍片的明星，說到自己最常在非洲做的消遣，就是發呆、想事情。他的理由是，這個地方太少娛樂了，所以最常做的事情，就是發呆、想事情。

而一個旁觀者（就是他的導演）的說法是：「我覺得他成長很多。」

兩話對照，讓人思考的是，除了智識，可以讓自己有時間發呆、想事情，也是一大成長。

這位明星說到自己非洲行的反省：就是自己的價值觀改變。

光是這一點，就足以改變一個人未來的選擇，也讓一個人就算是受命運影響，擁有的不多，一樣可以知足，把自己的一生過得幸福美好。

學與思，一樣的重要，只有學，而不思，其實是枉顧了學。

發呆、想事情，是無聊，也可以是一件正經的事情，一件生活中不可缺少的事。

常常在國外看見不少人，無所事事地在草地上曬著太陽，作為旅遊者的我們，在一旁躲太陽都來不及了，這些人卻把曬太陽、想事情，當作極為重要的事。

我不覺得他們比我們優秀，但老實說，他們也不比我們差，這樣的時間管理，讓人思考，是不是這樣就可以將人生過得更好些？

不放過每一分鐘，辛勤一生，這是很好的。

讓每一分鐘都在思考，雖然看似無所事事，也一樣是美好的

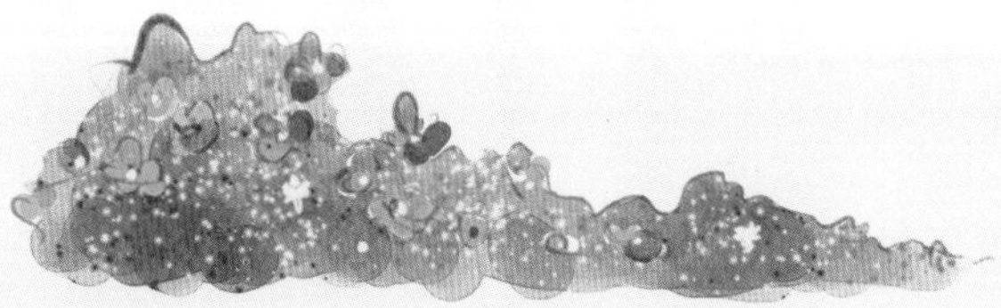

人生場景。

人生，愛怎樣過，就這樣過去，只要不怨、不悔，就好。

千萬不要自己選擇的，又一味地抱怨。放下勞碌，清閒去；要不，勤快去，不要無聊著。

發呆，也可以是正經事，有時就像是停下來加油一般，加足了油，方向定了，才可以無怨無悔地走向自己的方向。

我們每天都聽見許多不對的話語

對於媒體出現的話語，你要有反叛之心。

我們每天都聽見許多不對的話語。它們有可能是出自一個名人的嘴巴，出自一個民意代表的言論，出自一個為人師表的話語……

人，不可以用人的身分，去評論他話語的正確與錯誤。

許多的名利，讓一個人的「心理變異」，於是乎，出現的話語也變了。一個名利雙收者，說出不對的話語，做出不正確的事情，這是可以理解的。

所以，所有的年輕人要看重的，是一個人的品行，而非一個人的成功。

聽見不正確的言語，自己要以此做一些反省。

聽見正確的言語，順勢可以觀察此人，是不是一以貫之，有其一致性的正確與吻合。

我們不時看見——

名醫做出傷害他人的事情；

牧師做出傷害信徒的事情；

政務官做出傷害人民的事情；

老師做出傷害學生的事情；

企業家做出傷害員工的事情；

作家做出傷害品德的言行；

理財專家做出錯誤的鼓吹；

藝人做出不正確的示範……

每個人無論多大的年紀，都要有自己的判斷力。很早就認知，不可以以一個人的地位、名利、成功，來影響你對一個人公平的看法。

得天下之福分之人，一定要感恩上蒼的給予。

多自反省，謹慎自己的言行。

當我走過許多國家之後，才發現，身在台灣真是幸福的事情，競爭的人口不多，成名、成利也快。

在許多國家，人才濟濟，要一展身手，真是不太容易。

想到這兒，又讓人更加謙虛，看見驕傲、不對的言論，更讓我感到慚愧。

那驕傲的人，是不感恩，又井底之蛙的人。

不排斥壓力，壓力才會放過你

每個人內心都有不滿足，有人是大不滿足，有人是小不滿足，無論大小，都會成為一個人心中的問題，這擾人的問題，長久下來，隱隱成為壓力。

有些壓力，長久下來，對於身體是不好的。

但有些壓力，卻成為一種提醒。

而有些壓力，則慢慢成為一種習慣，變成一種默認，一種正常。

小時候，我們聽過一個這樣的故事：一個人家中的地上凹了一個小洞，這個主人剛開始走過去，一不小心還會在那個凹洞小撇輪，有跌倒的感覺，但是走久了，這個洞似乎就與地成為一體，走過去也就自然了。

從壞的一面來看，就是不對的事情，積習久了，就成為正常自然了。

而我的另一個觀點是，世間總有一些難以改變的事情，不如就久久給它放習慣之後，讓自己慢慢地接受吧。

一位老先生告訴我，五十歲那年把自己一手建立的磚廠停業之後，就沒有再工作了，初期有點怨嘆，但是久了，也就習慣了。

他的太太，最近動了膝蓋的手術，她說道：「老了，不能不服老，所有的零件都在作怪，早幾年看自己的先生腳痛，走不動，如今看自己手術，感嘆生命，抱怨老，沒有用，看開一點就好了。」

問一位資深的領隊，常常遇見惡劣的導遊，都是怎樣把這口怨氣吞下去的？他說：「當地的導遊把壓力壓到他身上的時候，他就對自己說一句話：『這些自己都習慣了。』」

一句習慣了，讓他在這個行業繼續生存下去。

習慣壓力，所有不好的就慢慢可以接受了。

我看見不少長輩已到老年的年紀，但體力卻像年輕人一般，他們對於生命其實還有許多的不甘心呀！

一位從國中老師退休下來的老先生，在校是同學敬仰的老師，如今把這份智慧發揮在種田之上，他種的田，可是種什麼活什麼，但是常常聽他嘆氣說是白費功，這些都是自己食用，自己又沒膽去市場販賣。

到老都還想賺錢，放不下這個念頭，於是成為自己的一大壓力。

壓力，要學著放下。放過自己吧！

如果不能放下，讓它習慣，習慣成自然，自然成平常，它也就不會礙到你了。

Try IQ

Try IQ，「嘗試」也是有智商的。

我因為愛，所以很仔細地觀察自家的狗寶貝，發現兩隻狗，一隻是被我們這種人類認為聰明的，另一隻則是被認為不聰明的。

聰明的那一隻，搞得清楚狀況，牠知道現在是怎樣的一個情形，必須要做些什麼。例如，要出門，牠就知道必須要套上繩索，主人才會帶牠出門，而且會自已站在繩索圈圈之中，另一隻則完全不知。

那天，對於一包沒有開封的米果，聰明的那隻，懂得嘗試要打開，就算是胡亂地亂咬，也是不放棄地嘗試；另一隻，則是霸著米果，卻不作任何嘗試。接下來，我幫兩位寶貝打開了米果的封套，一隻懂得用牙齒咬出米果，另一隻還是不知用牙齒把米果咬出塑膠袋，必須主人我像女僕一樣拿出來，放在狗嘴前，牠才可以吃到。

聰明，原來就是「不放棄的嘗試」，無論嘗試是不是得法，還是胡亂，他就是會一直嘗試下去。

人不也是這樣嗎？

那聰明又成功的，不也是不放棄地研究嘗試下去，才有成績！

當一個萬物之靈，至少要嘗試一下、玩一下，如果真是太難，無法解開習題，Try一下也算是對得起自己是人類的地位，至少有嘗試的智商。

不戰而敗，太對不起自己這輩子轉世為人了！

＊　＊　＊

有一年旅遊歐洲，住了不少的青年旅館。天呀！每一家的門鎖與省電裝置，搞得我每天都在腦力激盪，要進門得先考智商。

這一次經驗之後，我對於門鎖有了「不服輸」的興趣，看見看不懂的門鎖，或操作指示錯誤的門鎖，就抱著「玩到壞也要把門打開」的心。有這個心，根本不會害怕，有信心，連門鎖都怕你，團員也都會謝謝我把門打開了。

天底下，除了絕頂的笨，絕頂的聰明，百分之八、九十都差不多聰明、差不多笨，但為什麼這些差不多智商的人，還可以分出個高低呢？

那就是有人願意嘗試；

那就是有人總是不放棄；

那就是有人願意玩下去；

那就是有人企圖成功的心比較強烈！

無所求，就成優雅

記得曾看過一本書，它將一個男人成為雅痞紳士必需的「配備」，畫成一個配置圖，如同室內設計圖一般。也有男性雜誌把一個雅痞必備的「精品」一一列出。

雖是如此，我生活中看見的幾位真雅痞，他們一點兒也不靠身上的精品，就成為具有雅痞特質的人。

一位在傳統市場賣貢丸的先生，生意愛做不做的，但人卻是很和藹可親。

「老闆，你這樣不積極，可是賺不到錢喔！」

「反正又餓不死，我幾乎沒有什麼花費，每天努力工作，一個月休四天……」

不要看他穿的工作服髒髒的，每天可是口袋麥克、麥克，天天三點半前去銀行存錢呢！

女人害怕自己的男人看見自己物質欲望的貪婪相；一樣的道理，當一個人各方面欲望不高，又努力地工作，自然呈現出來的態度樣貌就大大不同了。

我個人認為，雅痞的氣質不是用名牌堆出來的，或汲汲營營說著成功的計畫與話語，雅痞的氣質是：喜悅輕鬆，在任何時刻都讓人有活得悠閒的感覺。

另一位女雅痞則是一位前輩，這位姊姊是我在旅遊中認識的，她幾乎對於所有的物品都沒有興趣，完全沒有物欲，無論身旁的人已經多麼瘋狂在瞎拚了。

「我已經很久沒買衣服……」

「妳的生命難道沒有一個階段，是迷戀美麗的衣服、談論減肥的話題等等欲望的事情？」

「有的，但是現在都放下了。」

真的，很難得有一位美女可以放下美麗的欲望。

就是因為放下，她整個人呈現出不一樣的特質，處於讓人特別尊重的位置。

＊＊＊

有一個論調：自己要妝點自己，尊重自己，別人才會尊重妳，看中妳。

這是正確的，但是，如果當人們靠近妳時，發現原來這個美麗的人兒所講的話題是如此的欲望與貪婪，如此的自私與不公，那麼，所有的一切都會毀於一旦的。

這世上沒有無欲之人、無貪之人，但這個世上仍有不談欲與貪，逐漸放下生命俗事的人。

看見這樣的美麗，令我眼睛一亮。

看見無所求的優雅，那境界讓我景仰。

覺醒

國外的一位少女得到了厭食症，據說是從嬰兒期起，她的母親就不斷在她面前說著：「太肥了，要減肥了！」結果，原本是母親要減肥的，卻成為小女兒腦中揮之不去的意識。她從五歲開始，就一直嫌自己胖，一直抗拒吃東西，自責不已的母親陪著她四處求醫，效果都不彰，直到遇見一位女攝影師，這位女攝影師為小女孩拍攝一系列的紀錄片，並且讓這個孩子一而再地看著這個以自己為主角的紀錄片。看著、看著，她為影片中的自己感到悲傷，感到難過，這個想法改變了她飲食的習慣。

「我現在只要不想吃東西，就會看這個帶子，會強迫自己進食。」

這位少女現在已經是一位高中生了，一個健康的高中生。

一個人只要有心，持續地「灌輸」自己正確的觀念，長久下來，一定可以改變個人的錯誤行為。

我一直認為影像與聲音是有效的方法。

另一個真實的例子，是一本書籍記載的。一位得到癌症的學者，除了接受現代醫療的治療，還為自己設計了「自療」的方法，他收集所有好笑的錄影帶，讓自己不停地看這些令自己發笑的錄影帶，說也奇怪，體內的癌細胞竟然不見了。

一個人的心境改變了，讓內在的環境不同了，連壞細胞都自然退讓開了。

我認識一位長輩，並眼睜睜看著他的身心變化，他事業經營得很好，能力很強又幽默，可是在三千公尺的山下，就已經鐵青著臉，胃極度不舒服，然後站不住腳，拿著氧氣筒猛吸。後來我才知道，他有一次去陽明山喝了一點烈酒，之後身體就非常不舒服，現在只要聽見「山」這個字，身體就自然反應出來了。一次經驗，讓他自己嚇自己，而且還嚇得極端。

我與他的夫人說道：「要征服這個感覺，就把注意力放在美好風景上，身體反應就不會這麼大。有一年我到一個落後的地方旅行吃飯，發現只要不小心看過餐廳廚房的團員，當天都會拉肚子，而其他的人都沒有問題。其實有時候，真的是心理影響身體。」

就是看過這些例子，才想著，我們為何不讓自己處在「正面的影像」、「正面的聲音」、「正面的文字」與所有「正面的因子」之中呢？

這就要你這個有心人，為自己安排這個「正面」覺醒啊！

人，最終孤獨

人，最終孤獨，這樣的詞句並非感傷，反倒是，現在開始就要享受這樣的領悟。

我在旅遊中認識了兩位前輩，是一對怨偶。

「既然已經花錢買了數位相機，就該好好在家研究一番，像我在家就把使用手冊拿出來一個個試功能，很快就可以上手了。」我說著。

「但是我沒有時間，我每天與自己的姊妹淘吃飯、喝茶、聊天，哪有這種美國時間研究它啊！」前輩回應著。

聽到這兒，我有些了解這位長輩為什麼跟了一位「壞男人」，長久的時間，沒有辦法離開他，因為她沒有自立的能力，他需要這位「壞男人」給予她許多的幫助，幫助她過日子。

所以，我在公眾場合聽見她的男人說了一些不尊重她的話，她也默默承受。

而這個「壞男人」呢？

「妳不要看這個男人在人前表現得人模人樣的，其實在背後很會虐待折磨人。他愛現，喜歡別人吹捧他。」

這也是絕配，這個男人需要群眾簇擁他，也是一個不甘寂寞的人。

於是，我再聽見他們任何的話語時，都是微笑著，內心的對白卻是：這些都是你們自作孽，自己承受吧！

無法了解人生最終是孤獨，無法體會、享受這個「原味人生」，最後都是痛苦的，然後搞出一連串麻煩事。

食物要享受原味，人生也有它的原味。

我常常有機會在旅行中認識一些長輩，只有極為少數的長輩不在旅途中稱讚自己的子女，而我觀察不談自己子女的長輩，對於自己的人生態度比較開明，比較獨立，而無法把子女的一切與自己的一切獨立劃開的長輩，似乎在某部分的思想上，是錯誤又依賴的。

一位名人的父親，孤獨地在友人家病發死亡，媒體採訪了友人家附近的餐館，餐館似乎意有所指地說：「常常看老人家身邊沒人陪伴，讓他孤孤單單地走著……」他的子女也有四個，個個傑出有名望，奈何讓老人孤單，分析起來是老人家與年輕人思想處不來，二來是孩子、孫子長成，本來就有自己的生活。對於承歡膝下，過年過節的娛樂節目，孩子、孫子有他們自己的想法。

一些長輩總好心，告誡後輩生兒育女的好處：「可以不孤單，可以有人照應。」但是，我看見不少孤獨終老的長輩，有不少人就算他們擁有具孝心的子女，有「成全美意」的長輩，也會自願孤獨，好好安排自己的生活，讓孩子過自己的生活。

無論一個人是好命、歹命，最終還是孤獨，若在年輕，就能了解這個味，體會這個味，享受這個味，老來，就算是沒有子孫滿堂，就算子孫沒有孝心，也是看開、想開，明白過自己的人生呀！

為什麼選錯一段愛情？原因可能是：沒有辦法享受「孤獨」，而惹來生命錯誤的際遇，也非常可能是害怕寂寞，這都是自己招惹來的。

「要我幫一下嗎？」

「請讓我自己來，謝謝。」

「妳，怎麼不給人機會呀？」

我笑了笑，一個人的獨立，是一點一滴養成的，我是在為自己好呀！年輕堅強些，年老就勇敢一些，人生就可以無怨無悔些。

不用害怕臉色不佳的人

「妳一定要快樂一點……」我聽見一位長輩與另一位長輩這樣說著。

的確，那位長輩幾乎是把所有的不爽全表現在臉上，非常容易被人看透。

「我並沒有不開心呀！」

是呀，她並沒有不開心，她心中有太多不同意他人行為的感受，她的表情，就表現出一副嫌棄的模樣。

高傲的人，不滿意的時候，是比不開心的時候多些。

與這位臉色不佳的長輩相處的時間拉長一些時，發現她其實沒有不好相處，「表情」其實是「嚇人」的，真正不好相處的，是她的另一個同伴，平常看起來隨和又溫柔，但情緒爆發起來像是不講理的小女孩，嚇死人。她情緒如此不穩定，這樣與不定時炸彈在一起，還不如與這位表情看起來「一直很不爽」的長輩在一起。

以此為例，「表情不佳」的人，充其量是隻「紙老虎」，說得好聽一些，就是「性情中人」！所以，不用懼怕臉色不佳的人。反而臉色好、好聲好氣的人，潛伏的情緒是無法預想的。

一位長輩曾經告訴我，不要輕易地因他人臉色而下斷語。

我牢記在心，可是真的很難，人還是會為他人的表情、行為所影響。影響之後，才會反省，單單因為他人的臉色、行為而受影響，是不應該的。

細想凡人的脆弱——容易受他人的臉色影響，因此，每個人還是要「整頓」好自己的臉色，這樣才得人緣，也讓看見你的臉的人好過一些，這是善的布施。

一次旅遊中，吃盡當地導遊的「臉色餐」，感到不開心，但反省一番，想著，假若我是這些導遊的親人、朋友，或許就可以稍稍了解這些導遊低ＥＱ的表現。

另外也想著：也可能是我的人生一路走來太過平順了，看人臉色的「道行」還是太淺，才會大驚小怪。

我是太幸福而出了錯。

但是，我還是要奉勸一句，人可以用許多智慧、言語的能力讓人佩服，這是可以極有技巧的，又何必用「臉色」威迫他人，讓人屈服呢？用臉色，是下下策。

下下策的人，是沒有智慧的。用上上策，收服人心，才是高招呀！

＊　＊　＊

簡單邏輯②

因為簡單而幸福

因喜歡，而理解

初出社會，因為喜歡一位像姊姊一般的同事，於是我開始可以接納自己過去不適應的事，例如，這位姊姊喜歡抽菸，這位姊姊喜歡藉由購物來排遣自己的不得志。

雖然我不至於學習她的行為，但是，因為喜歡她，欣賞她，於是我開始可以體諒全天下抽菸的女人，全天下因為生命不得志，而肆意消費的女人。

我因為喜歡這個人，所以我不是用「譴責」的態度、「說教」的態度，反倒是用可以「理解」的態度——溫柔的、規勸的態度。

＊　＊　＊

「我不知道她為什麼要把這種事情告訴我，關於這個男人所有的惡劣，這個男人所有的壞，讓我質疑一個大家都會質疑的問題：這個女人為什麼還要跟這種男人在一起？她總是說，他總是回來求我……」

後來我有點兒了解，她告訴我她的男人有多壞，可能是害怕我喜歡上她的男人，當然，也可能這個男人真的是這麼壞；另外她也告訴我，雖然他這麼壞，自己還是這樣地離不開他。

這樣的女人，是勸不醒的，她就是這樣愛著這個壞男人，這男人打她，拍她的性愛錄影帶，甚至胡亂搞男女關係……

這些都不影響我喜歡這位姊姊，對於她執著的錯，也採取了體會的心情。

在某個層次，或許她比我更懂得愛吧！超越這些壞與惡劣，她還這樣愛這個人，守著這個人，若是錯愛，也是一種特別的愛。因為喜歡這位姊姊，所以我開始了解、理解，甚至可以心平氣和地與這個壞男人說話。

理解世間的愛情，不是外人可以批判的。

＊＊＊

有一年，在醫院陪伴父親住院，隔床是銬在床頭的重刑犯，看他對待警察與護士的態度，讓人感覺其實他的本性並不壞，壞人，也有一些善良的性情。

相處一小段時間，我已經不會把他當作罪大惡極的人，但我也不會單純地當他是好人，面對這個人，我當他是個平常人。

另一個場景，是在職場──「我不會說老闆的壞話，因為我有幾位朋友，就是自己創業的，因為他們，我在許多事情的看法上不會完全站在勞方這邊。」

人之所以有極端的批評，是因為沒有接觸，沒有自己熟悉的人正在其中，只要常想到自己喜歡的人在其中，那麼這個世界就不會這樣的極端，這樣的針鋒相對。

想到這兒，我忽然可以原諒最近自己討厭的一個人，雖然還不能體會他的心情，但我相信，如果我是他的朋友、親近的人，那麼一切的情況都是可以理解的。

這樣想，就更了解這個世界了，更可以原諒人了。

最重要的是，生活

「如果我有一天不帶團，就不知道自己要幹什麼了！」

「我老公只要是休假，就是去醫院預約做全身身體健康檢查！」

「我平常不上班，平常都是與我那些姊妹淘們一起喝茶、聊天，否則我都不會過日子呢！」

這些朋友有的是旅遊業的領隊，有的是科技新貴，有的是富太太們，如果不工作，他們平常是不會過日子的。

過去年紀較輕的時候，認為成功是最為重要的。現在的想法是，生活比起事業成功，重要得太多了。

如何把生活過得好，即使是平凡的生活，也過得心安且幸福，這就需要工夫了，人們可能在短暫的時間中把日子過得愉快，聲稱自己過得幸福又美好。但曾幾何時，這個人沒有多久就出事了，然後身邊的一些人都說：「看不出來，他應該不會做傻事呀！」

一個人可能可以把事業經營得很好，可以把愛情安頓得很好，但就是沒有辦法讓自己的生活長時間地安心自在、幸福感洋溢。

過去超愛勵志成功的故事、名人偉大的事例，如今不是不愛，只是現今更愛的是，將自己的生活過得更為安心喜樂；成為成功偉大的人，這事猶如一聲輕笑，是遙遠的，把自己的生活弄得愉快，倒是實在。

雖是凡人之志，那又如何呢？平靜生活還是比成功偉大，比憂憂鬱鬱、不得志的人生要好得多呀！

大家都是好人，但如果對於生命、生活「想不開」，其命運就跟壞人一樣，沒有善終。

生命到頭來都是要自己過，事業可能要交棒，成功可能要易主，唯有「生活」的這個領域，是永遠相隨的。

生活，永遠是最重要的。

如果你事業成功，成為偉大的人，那恭喜你；但請試問自己，生命如果沒有這些，甚至一無所有，無所事事，你會依舊平靜且感到幸福嗎？

現在，一陣莫名的風陣陣襲來，你感到知足且舒適嗎？若是如此，我欽佩你。

簡單邏輯

連膽子都變老了

「總歸一句話，一切趁年輕。」與一對氣質不錯的夫婦聊著天，那先生說了這樣一句話。

「以前年輕的時候，連計畫都沒有想，同伴叫著要去哪裡，就去了。現在，夫妻倆想要去哪裡，還要搓個老半天，想個大半天呢！最後的結論，可能又是不去了。」

這位先生雖然是這樣說，但神情並沒有任何的遺憾，因為超級負責任的他，守護妻兒的心，超越了冒險犯難的心，他對於自己保守的生命，並無遺憾。

但是，可以聽出他對於三名子女的態度就不同了，原本從事生物科技研究的大女兒，瞬間改變自己的志向，走向國際貿易，積極地從頭學起，他對此感到激賞。但對於自己唯一的兒子，猶不知自己的人生方向，他感到擔憂。

他安慰著，對於自己的子女，他希望他們能具備獨立思考的能力，與勇於追求的志願。

旅遊中，認識的幾位長輩告訴我，若是沒有認識的朋友相伴，自己是不敢出遠門的，這些長輩包括過去擁有很好的工作，現今退下工作的人；也有現在依舊在職，賺得比任何一個年輕人都多，在自己工作領域意氣風發的人。但為何一踏出門，卻是處處擔心？

「如果妳不陪我，我就不要去了。」A長輩對我說著。

「嗄？」

或：「我們下一次再找個景點，一起去。」B長輩對我說著。

「嗄？」

老實說，自己的任何行動都喜歡自己做決定，我享受著獨立行動的快樂。

不少的長輩每天過著無法自己做決定的生命，猶豫不定呀！

看過這些生命故事，我有了這樣的看法：

人老了，連膽子都變老、變小了，就算智慧經驗增長了一些，但也讓這些經驗智慧局限了自己的行動，讓自己過著裹足不前又無法知足的生命。

老到連玩都不會玩，連一點點冒險都不敢，連一點點獨立行動都無法下決定。若是如此，不如趁著年輕玩過、大膽過、冒險一下，這樣，老了就算跟所有的老人一般，至少在自己的記憶中，還有「美好勇敢的記憶」可尋。

那時一樣可以自我鼓勵一番，試著從年輕時砍劈下來的舊徑，再年輕一段。

如果年輕一直都不曾膽大冒險過，老來，也找不回原來的那一條路了。

快樂逗相報

在旅行中認識的朋友，有個小好處，大家聯絡的事由大多是：

「最近，妳又去哪裡玩了。」

「我們少一個人，要不要跟我們一起去玩？」

因為玩而認識的，話題大多圍繞在玩上面，而互相訴說這個話題——「玩的進度」時，潛意識裡也督促另一方：我是如此積極在玩，你也要趕快跟上來喔！

過去一位同事，就曾經在電話那頭感謝我：「若不是妳這麼積極，可能我再過個十年，還無法成行呢！」

可能剛好我是那種「想到哪就做到哪」的個性，同事雖然比我聰明，外語比我強，但有可能因為本身的個性，也可能是因為她身邊有一拖拉庫穩定工作的朋友，影響之下，所以在下決定時，都會思考多一些。

一次的合作旅行，她真是優秀極了，不過往後的日子，她又開始過著想要去做，又猶豫不定的生活。

這樣的人生也不是說不好，還是有它的意義。

相較於老是來電話「催促快樂」的朋友，彼此的話題就是不同。過去同事聯絡的事，有些時候是過去的老東家又有什麼事情，過去老同事又有什麼八卦……說實話，有一點兒幸災樂禍。當然我相信，不是所有同事討論的話題都環繞在這些事情上面，但這占了大宗，否則國外不會有一些上班族專門批評自己的公司與主管，而得到讀者迴響的暢銷書籍。

再想想同窗多年的同學吧！話題也是環繞在哪個同學又有高就了，哪個同學的老公在哪兒高就；我想再過一些年，討論的話題就變成了自己的兒子、媳婦的成就了。

你在什麼情況之下交到的朋友，就是講什麼樣的話題。

而什麼話題，相對也督促彼此的生命進展，在某個潛意識裡，生命與生命的碰撞之間，都是在互相競爭，互相模仿。這讓我聯想到——過去曾經與人談及唸大學的好處：其中一個最大的收穫是，與來自各地同齡的同學共聚一堂，如同看見不同的世界，雖然大家年紀相仿，但彼此的生活、言行，卻如此不同呀！

想要快樂，想要上進，就要與快樂、上進的朋友交誼，讓自己變得快樂、上進。

快樂逗相報，八卦與八卦逗相報，憂鬱與憂鬱逗相報……

物以類聚，其來有自。

投其所「好」

一直以為「運動神經發達」的人，好像就是在說「其他神經都不行」似的。

但是，在一齣戲中，我看見了一個職場菜鳥，就靠著自己的運動神經發達，爭取到一張訂單——因為訂單的廠商非常喜歡看「拳擊」。

這可能只是一齣戲，但卻說中了一個重點：要抓到人的心，就要投其所好，自然一切的事情就會順利。

這好像很心機，但人生就是這樣的！其實善用心機，展現自己的個性，不用全然虛偽地、特意地去迎合對方的喜好，是一個好心機，不是壞心機。一樣是一個運用智慧之人。

培養個人興趣：高爾夫球、小提琴、衝浪……即使沒有遇見貴人，也是一個充滿樂趣的人生。而當你活得夠堅強、夠有樂趣的時候，人就不會失敗，因為總是有人會喜歡你的。

＊　＊　＊

「他本來就注重穿著，這會兒只是從客戶中學習與他們一樣的穿著特色。」運動，可以投其所好；衣服，可以投其所好——許多人靠著穿衣特色，讓自己與自由合作的客戶，以為你是和他同一掛的。

「他就是耐操。」

有許多主管特愛「操」人，你若能夠熬過來，你就可以「收」他了。我有個朋友就是這樣修成正果，得到貴人信任，真的應了一句話——「嫌貨就是買貨人」，他就是這樣一路被貴人嫌，結果得到對方重用他。說這位朋友真有能力嗎？還好，就是正中主管的下懷罷了。

另一個朋友的貴人，聽說特愛「比自己更加早睡早起的人類」；還聽過有貴人特愛長得「忠厚老實相」；還有貴人特愛早退的人；還有貴人要上教堂；還有貴人特愛家庭和樂的……能力，很重要，是大家最需要培養的。但是，有時候那個「投其所好」更重要呀！

人緣，就是投其所好。

一句誠實又建議的話——不要刻意去投其所好，重要的還是要自我挖掘，找出自己的好，讓自己與「貴人的好」配成一對。

不一樣的

「日復一日的上班族生活，真是乏味。」

過去也曾經這樣地抱怨。

而生命中，還可以用很多的「名詞」來替代上班族生活這個名詞。例如，當學生的日子好無聊；每天走這條路散步好無聊；每天都吃一樣的早餐好無聊；每天與同樣的男人在一起好無聊；這樣的人生好無聊……如果你本身就是一位無聊的人，無聊的事，真是無止境啊！

其實，解答就在這些生活中。人只需要一些時間，坐下來仔細想一些自己悶的地方、困難的地方，奇異的是，解答，竟然早就存在著。

有一年去西班牙、葡萄牙旅行，拉車實在太兇了——

「妳有沒有注意看風景呀？」坐我後座的阿伯對我說。

「有呀，但都一樣呀，都是一樣的樹林，一樣的泥土！」我有氣無力地說。

「不一樣，土的顏色在變換，樹林的葉子也不同，就連山的模樣，都因各種原因而有所不同呀！」

與我對話的這位前輩，是一位退休的地理老師，六十歲才出國旅遊，旅行的任何一個時刻，他都是興致勃勃的，沒有無聊。

的確，這世界上沒有一模一樣的人事物。仔細觀察，即使是這條路已經走過多遍，但氣溫不同了，樹葉不同……就算是每天的工作似乎相同，但每天還是會出現不同的問題，接觸不一樣的人……

仔細觀察起來，是不一樣的。

因為悲觀、沒有興趣、沒有想像力，無聊就出現了，爾後，覺得怎麼都是一樣的，一樣的無聊。

過去曾經看過一部片子，一位專家指出一幅畫為什麼優於其他畫作，這位專家說因為作者並未按照實景繪畫，作者在這幅畫中添加了自己想像出來的岩石、屋子，於是他優於其他真實呈現的畫作。

如果我們的心就是按照我們所見的，一五一十呈現出來，或許不盡完美，但若是經由我們腦子的「想像通道」、「完美通道」、「讚美通道」，增添了不一樣的美好元素，一切就會變得不一樣了。

世上只有枯燥的腦袋，才會看什麼都一樣，看什麼都無聊。腦子轉一轉，一切就不一樣了。

＊　＊　＊

「你們看這山，像不像僧人拜佛啊？」

脖子雖然很瘦，但還是抬頭看了看，真有幾分神似。

在大陸地區的一些景點，刻意設計了「賞」山的節目，源自古代文人看山、看景的想像。

百年前的詩人，就有這樣不一樣的心靈，不一樣的想像，而現代的我們，如何可以遜色於古人呢！

無聊，不是無能，只是少了一點想像力罷了。

不想無聊，就多一點想像，多看出一些不一樣囉！

簡單邏輯③

因為簡單而滿足

生命贈予生命

常常在大災難的時候，我們總是會聽見「奇蹟般」的新聞。例如，災難中，我們悲傷這麼多人的去世，而那最為悲傷的醫院裡，醫生卻可能接生了在災難中出生的新生兒。

在悲傷之中，得到新生命的喜悅。

或在災難中依舊進行原本就計畫好的婚禮——天地可能很快就要變色了，在地球可能毀滅的時刻，依舊要緊緊相依，緊緊相愛在一起。

我的鄰居一家人，是非常不懂事的人們，對於他們的不懂事，我總是報以冷漠；但是，近來對於他們的失望，卻慢慢地轉變著，他們一家人因為孫兒的出生，慢慢變得不一樣了，他們變得友善，可愛得多了。

一個小生命的降臨，改變他們一家子的個性，也改變了鄰居對他們的觀感。

人真的不應該對人隨意的失望，因為有一天這人會因為另一個生命而改變，而變得令人喜悅。江山易改，個性真的難移，人要改變，真的需要一個「重量級」的影響，而這個影響，往往是一個新生命。

小姪子的誕生，帶給我極多的喜悅與思想，爾後當我看見人因為幼小的新生命而改變，我都深有同感。

如今，我認為這世上最幸福的事情，是幸福睡著的狗寶貝。看見他們幸福的模樣，我的臉上也幸福地像是知道天命一般，電視上發生的事情、自己過去發生的事情、未來發生的事情，這些都所無謂，微笑過日子，輕鬆看人世。

這個幸福的延續，讓我過去注意著人的容顏，如今則是聚焦在那幸福地與主人在一起的狗寶貝身上。感謝上帝，讓我得到幸福感受！

如同一杯酒，贈與英雄，當我們面對令我們失望的生命時，不如轉頭、低頭看看另一個生命，生命酬贈生命，從生命中重新獲得喜悅希望。

在武俠小說中，主角費盡千辛萬苦，就為了尋找解藥，人似乎也是一樣，一出生就在尋那解藥，可能找到了一些止痛藥，暫時麻痺自己，但它終究不是解藥。轉來轉去，生命的真正解藥，還是在生命之上。

謝謝，這世上許多讓自己感到幸福的時刻，閉上眼睛，依舊浮現幸福，我想，這是恆久的幸福呀！

現在閉上眼睛，你是不是感到幸福呢？

常在心版上畫上美麗的素描

認識一位插畫家，她中年轉業成為自由工作者，一次聽見她談及自己的生活。

「為了防止自己的懶散，我每天無論有沒有靈感，都會面對著白紙，這樣的訓練，讓自己每天都有創作靈感。」

生活也像是我這位朋友所面對的白紙一般，上面所有的一切色彩都是個人的創作，如果你不把生活想成一張張白紙去面對它，你便極有可能成為生命的逃兵。

與其成為逃兵，不如先發制人，自己先創作自己的生活與生命。

在旅行中，認識一位女士，看著她拍的相片，構圖非常好，後來聽她說，她是一位知名花藝大師的關門弟子，在創作的世界孕育久了，眼睛所及，也有極佳的構圖。

風景的攝影需要人的心眼去取景，是要左邊一點，還是要右邊一點，是要主體放大一點，還是要天空多一點，還是要土地多一點，這關係著個人的美感。

如我們看風景的心眼一般，生活、生命之中，我們永遠都是主事者、主使者，我們永遠都是控制者。

或許你會說，我不是主事者，我的老闆、我的主管、我的房東、我的總統……才是最大的主使者。

朋友，這些人不會跟著你一輩子的，就算他們在工作上，或在某一個領域上控制著你，但下了班、回了家，你依舊是你自己的王呀！

你永遠都是做主的人。

＊　＊　＊

「我們早晚都要離開這家公司的。」很驚悚的一句話，也是令人堅強的話語。

無論你現在待在一家好公司或一家不好的公司，內心都要有這個準備。職場會變、生命會變，所有的變都是正常的，若你的心是穩定的，這些都不足以影響你的人生。

所有的遭遇，都是有美意的。

常常閉上你的眼睛，就算可能一時半刻無法創作出美好的景色，沒有關係，把生命中你曾看過的美麗風景，一一在心版上複製出來。

或讚美地唸出來：我那可愛的寶貝，睡覺的姿態是如此的可愛……哇，黃山上的雲海是如此的美麗，像是仙人居住的地方呀……沙漠中的胡陽木，是如此的美麗……

每天，我們都該為自己創造美麗的風景，不斷地歌頌著。

當美麗已在心版之上，那不美麗的，將無法進入。

不要停，就可以達成自己的目標

當我站在黃山的景點「猴子觀海」之時，我眼望另一個景點「蓮花峰」，我想著，站在蓮花峰上面的人好厲害、好偉大哦！那蓮花峰又高又險，似乎很難爬。

當自己也勉強爬上蓮花峰時，發現自己也很偉大，也很厲害啊，似乎也不是遙不可及的呀！

這偉大與厲害，就是忍耐，再忍耐，強迫自己，再強迫自己，一步一步，就算是疲累不堪，累得像條狗，狼狽地比狗都不如，花容已經失色，步伐蹣跚，不要停，終能達成目的地。

當我爬到黃山的光明頂時，看見那遠在天邊、那顛危之上——天都峰的人們真是偉大呀！

但心裡有個底，這並不難呀，開始行動，一步加上一步，我終於在氣力耗盡之下，也登上了天都峰，這時明瞭：千山萬水，萬丈高樓，也只不過就是一步加上一步，再加上一步……就可以成為人們羨慕的對象。

＊　＊　＊

一個團體的領袖者（強者），自己很明白困難是可以用恆毅攻破的，而且可以加強自己的意志力與體力，成為鼓舞大家的力量。

如果是團體中的弱者，則自己所知道的勵志力量都只是杯水車薪，能夠幫助自己的部分也很少。

「沒有體力的問題，只有意志力的問題，妳的心要先渴望征服，才爬得上去……」

「大哥你真的很適合當個推銷員，好會鼓勵別人喔！」

「我就是一個推銷員呀！」

當我面對高山舉步維艱時，身後的大哥一直鼓勵著我。

強者，有自信心是正常又應該的，弱者，知道自信很重要，但還是無法讓自己有自信，也是正常又應該的。

所以強者有自信，不用過於崇拜，而弱者就是少些自信，也不必把他們看成扶不起的阿斗。

弱者，請接近強者，讓強者的意志幫助你，但要明白，你不會永遠是弱者，風水輪流轉，人生就是會轉到一個面，是讓你當強者的時候。

無論強者或弱者，就是這樣一句話，行動，才有可能達成；要達成目標，就要不停地行動！一小步看起來不怎麼樣，累積久了，就成為一個偉大、令人仰望的位置。

你比醫生強

一位名醫自殺了。

這是一個多麼令人失望的結果。

我想這位醫生也是一位聰明人，他一定想過自己身為一位心理醫生，作出這樣的示範，會造成社會多大的影響，這些他都想過，卻仍無法阻止他的選擇。

想到他曾經在天使與撒旦中間拉扯掙扎，是令人心疼的。

報導中，擔心名醫自殺會成為一個負面的效應，讓病人感覺連自己心中依靠的醫生都倒了，自己還有什麼希望。

但是，同時我也看見幾位曾經受名醫治療的演藝人員，反倒是在面對這件事情時，展現出另一個如同「心理醫師」的姿態，說著自己的看法，說出一番心理引導。

曾是他的病人，都堅強了，反倒是醫生生病了。

另一個名醫甚至說出了這位自殺心理醫師也救過他，因為有一段時間，他也有輕生的念頭，但一聽見這個消息，他立刻有了「當頭棒喝」般的清醒，他決定要堅強地活下去。

大家都覺得他傻……我聽見街頭巷尾的人都說他傻。

似乎在批評感嘆之下，每個人也堅強了一些。

於是，我看見的是，名醫之死並沒有造成跟風。

這讓我想到多年前曾經看過的一本書，是一位國外心理醫生的自傳，一位著名的女心理醫生在救人無數之後，發現自己似乎罹患了憂鬱症，她從自我治療，到躲避，最後她發現唯一可以治療自己的方法，就是勇於對外承認，並放下心理醫生的職業，接受治療。

這樣的自省，這樣的放下，這樣的勇敢，我想不是一般人可以做到的，就是這樣，結束了她的痛苦，順利走出憂鬱症，雖然可能無法成為一位人人尊敬的醫生，但不作醫生，還是有幸福美好的人生呀！

孰重，孰輕，拿起，放下，就知道方向了。

*　*　*

「人不要接近不正的力量，不正的事物，否則再怎麼意志堅強的人，都會心靈脆弱，受其侵擾。」

自己的一位朋友，心靈受到侵擾，後來我發現，可能是因為創作的關係，他喜歡夜晚工作，喜歡收集一些

黑暗陰邪的影片、造型物。就他的角度來看，是因為藝術角度，但長久下來，卻影響了他的心靈。

我告訴他，盡量放棄夜晚生活，生活規律，另外，轉移自己對於陰暗面設計品的接觸，轉變自己的喜好，投入到陽光下、光明面的事物與藝術中。慢慢地，他接受我的建議。漸漸地，他的心靈不受陰邪物的侵擾，人也健康了。

一位心理醫生，勢必成為每個病人的「垃圾筒」，但老實說，如果醫生沒有一個足以挽回一切黑暗面的力量，我相信他久而久之，也會慢慢變得虛弱，甚至嚴重，也變得病態。

他的職業讓他「不得不」接近不正的事物與力量，但我想請所有天下「不得不」的人，給自己一個足以挽回自己心靈的宗教。

為什麼我說宗教呢？因為它可以抵禦人力無法抗拒的負面力量。人最終難逃遇見叫天不應、叫地不靈的事情，這時只有你信仰的神，可以幫助你。

＊　＊　＊

一個社會事件中，一位挖水井的老人被活埋二十六個小時後，居然獲救。在這過程中，我們看見他的下屬，割破汗衫夜以繼日都沒有停手……看見他的四個兒子，不眠不休地守候他活埋之地……看見家人跪地，祈求上帝……最後，奇蹟終於出現。

生命總有需要奇蹟的時候，我們總要有比醫生還要強的時候，請日日夜夜告誡自己，戒除黑暗的生活，與不正的力量保持距離，另外內心要有安頓的力量。

安頓內心的力量是哪個宗教，隨你，但總要有一個，我衷心地給予建議。

自比成泡沫，就沒有什麼好失去的

以前有一位朋友對我說，如果當自己是泡沫，就沒有好失去的。

過去還有點不服氣，現在愈來愈感覺這是句好話。

「你若是把自己看得太重，那麼自己有一天摔下來的時候，一定很痛，但如果你把自己看得輕盈，那麼任何打擊來時，就可以沒有這樣的沉重，甚至打擊來時，自己還可以乘勢飛翔。」

當名人發生誹聞事件，我聽見身邊的朋友與不認識的市井百姓都說，承認就好了，不願承認錯誤，反而把事情搞得更大。

我們不是當事人，不知道對方為什麼不願意承認錯誤，為什麼要百轉千迴地錯下去……他真的轉了好大一圈，最後承認錯誤。他終於知道，「勇於承認錯誤」才是最好的解決方法。

當大家都在責備他，說他把自己看得太重，才會造成這樣的錯誤。直到他把自己看成是凡人，才發現承認錯誤又何妨。

一件事情，我看見另一個角度，或許就是這樣的好勝心，把自己看得很重，才會創造自己的演藝成績。從這個方向，應該可以了解他對於自己的期待，才會讓自己高升，也讓自己跌倒。

美國州長阿諾，當他在競選時，出現一拖拉庫出來控告他的女性。他老兄接受專家的建議，全部「吃」下來，老子我全部都承認，這樣可以了吧！結果他高票當選。

另一個大哥也是個有名的例子。公開召開記者會，承認自己犯了全天下男人都會犯的錯誤。雖然有一些朋友都會以「全天下男人不一定會犯下這個錯誤」來反駁他。

無論他是不是說得太過，至少「誠實是上策」，他並沒有因為這個事件，而影響家庭生活與事業呀！反而，把原本可能引起的軒然大波，大事化小。

另一個例子，就是希爾頓的千金大小姐芭莉絲，這個女人更強，她可是無敵女超人之類的，她被自己的男友背叛，把性愛錄影帶公開。但這個小妮子並沒有因此受到打擊，反而因此逆勢而起，一腳踏進自己一直嚮往的演藝世界，她未來會不會幸福美好，我並不知道，我只知道這個世界變了，過去我們或許認為大大不可以的事情，現在這個世界，或許有不一樣的看法。

不看重自己，似乎失去了上進的力量，但過度的大頭症，也可能讓自己愈做愈錯呀！折衷一點，該是看重自己，該給自己信心的時候，就給自己強大的信心；該是放輕自己的時候，也請放輕自己，當自己是個泡沫，也是輕鬆自在的事情呀！

親近的愛，重要的愛

「把狗丟了吧，養這個幹什麼？」

「把牠送給別人吧，養狗綁手綁腳的。」

怎麼有長輩是這樣勸告我這個晚輩的，這些長輩不是經歷過戰亂、辛苦心酸的日子嗎？怎麼如此不能夠體會一些心情呀！這真是印證了我早早體會的——年紀並不能代表一個人的智慧與成熟。

說不定，一個人已經要踏進棺材了，還是一樣不成熟。

「養久了，已經有了感情，不可以隨隨便便地把狗給人或丟棄，這是不對的，我甚至要說一句比較重的話，一隻狗，比起遠親或很少聯絡的近親，都要重要得多。」

這位住在外縣市的長輩，與另一位住在國外的親戚，聽我這樣一句重話，啞口無言。

或許，遠方親戚打來電話，多多少少都有些小企圖；外縣市的長輩打來電話，是希望我可以嫁給他的兒子，而我那遠在國外的親戚，是希望我可以投資他的生意……但是，近在眼前的狗寶貝，我們彼此之間單純得很，對彼此的付出，都是這樣的自然、純潔。

＊　＊　＊

幾年的旅行生活，讓我愈來愈喜歡自己身邊的環境，因為我努力在旅行中仔細琢磨自己的眼光，欣賞著異國的風景，這「琢磨」於是成了習慣；反過來，當我用這個習慣仔細端詳自己的居住地時——

「我覺得這個教堂的這個角度，看過去很歐洲、很美。」

「我覺得這院子，很德國。」

「我覺得這個農田的倒影，很瑞士，很像當年在瑞士看見如同透明果凍的湖上倒影。」

旅行回來後，我沒有輕忽、厭惡自己居住的環境，反而更能欣賞自己的環境，更甚的是，有一種體會，所有的美麗只是用心體會罷了。沒有用心，就算世界美景在面前，也不顯得美麗。

用心，連視野也不一樣了。

另一個相同的體會，就是養了狗狗之後，感覺這是一件多麼幸福又悲傷的事情。幸福的是，

每一次出門都是幸福的時光，都可以看見許多人們是這樣關愛自己的狗寶貝，每個人都充滿了柔和與微笑。但是，有時也會讓我看見流浪街頭的可憐狗，感懷在心。

但還是慶幸，這幾年我看見幸福的場景多一些。

一件既悲傷又快樂的事情，我是感恩的，沒有這樣養狗的際遇，我不會常常莫名其妙地感覺幸福，我不會因為這份愛，思考更深的人生與生命。

愛，讓人有了同理心。真正的愛，讓人有了反省。一份親近的愛，比起遠方那稱為愛的，要來得真實得多。

活著的基本條件

海邊的礁石，一個個距離有點兒遠。一個善心人士把義大利麵撒在礁石上，要餵食一些流浪貓；那一隻隻大貓，跳過距離有點兒遠的礁石，吃著義大利麵，而一隻剛出生不久的小貓有些膽怯，要跳不跳的模樣，沒有人可以幫助牠，一切都要靠牠自己，想要活，就得吃麵，想要吃麵，就要安全地跳過礁石。小貓在膽怯時，貓媽媽在旁跳給牠看，結果牠鼓起勇氣一跳，前腳是踏上了，後腳勉強掙扎幾下也擠了上去。

以上畫面是一個動物特輯，主題是：生存的第一個課題，就是要堅強、要勇敢。

我記得過去在編輯工作上曾想一本書籍的書名：可以活八輩子的知識。當時，我記得老闆說了一句話：「活一輩子，就夠苦了，活八輩子，可是苦死了。」

難怪，老闆在他那個年代，只生一個女兒，他早有覺悟，他說的也是有道理，生命生來是一種辛苦。

但是，有一部分的人，生命雖辛苦卻又愛上這辛苦，這就像是旅行一般，愈辛苦的旅行，愈是讓人印象深刻的旅行。而印象深刻的旅行在某個層次之上，就成了美好的意義。

人，一定要好好活著，活出如同旅行辛苦又美好的感受，一定要這樣鼓勵自己，也要鼓勵自己可以影響別人，鼓勵他們好好堅強，領受生命的美好。

「妳，真是好命。」

我有一個儲蓄簿，是專門儲蓄以上「這一句話」的儲蓄簿，我大概真的稱得上是一個大富翁，因為我在旅行中常常聽見這一句話——

「我就是因為沒有好命，所以要創造自己的好命，努力地創造。」

大多數稱讚我好命的人，幾乎全部年歲比我長，或許並不了解我說的意義，他們只是羨慕表面上看見的我，其實一個人要自己好命，也必須要有所拋棄，要一些勇氣。例如，必須對於婚姻有些看開；對於賺錢，有些釋懷；對於未來，有大大的樂觀……

世上，比我好命的人太多太多了，有美滿愛情與婚姻者，有可愛聰慧的孩子，有豐碩的收入，有了不起的家世……但唯一不足的是他們的想法，於是明明是好命人，結果卻過著苦日子。

一切都是腦子裡面的問題。

如同那隻為了生存挑戰礁石的小貓一般，無法選擇的生命，就要堅強勇敢，為自己立誓，要做一個好命人。

與其上天給予，不如自己給自己，了解自己，給予自己最好命的一切。

請不要任意刷卡留負債給自己，量力而為自己的金錢，給自己好命。

簡單邏輯

沒有什麼叫做「準備好」

「我回去要好好練一下身體。」

「出來旅行，一定要好好補充營養。」

認識一位六十幾歲的阿姨，她說出來的每一句話，都是自己還沒有準備好之類的話語。

自己有些小驚訝，如果一個人活到了六十幾歲，生命已到下半段，還在考慮有沒有準備好，我想可能會錯過一些事情。

我看見不少身體出了狀況或年歲已大的人，像是豁出去一般，卯起來去做，卯起來去玩，卯起來去吃……他們有一個覺悟，時間不多了，把握當下。

無論準備妥當否，差不多就可以了。

以下是我個人的例子。

我的父親最後一次進醫院，是說著、笑著自己走進醫院的，結果父親在一夜之間陷入昏迷，需要插管，生命僅剩百分之三十活下去的機會。

以父親的個性，如果他知道此去凶多吉少，他一定會交代清楚。

父親似乎忘了自己生前常說的一句話：「你不要看這個人好好的，說倒就倒了。」

最後自己卻應驗了這句話，我相信，他一定不相信自己就這樣告別摯愛的人生。

我聽見年紀比我輕的人跟我說：「我要準備好，我才要怎樣……」

我都會微笑地對他說：「這個世界上沒有所謂真的準備好，準備個幾分，就可以去做了，如果真等你確認準備好，可能就沒有這個時機了。」

但是，如果是遇見長輩，這番道理我未必會說，因為他們不一定會聽得進去，與其聽不進去，又何必破壞萍水相逢的好氣氛，就由長輩去吧！

如同有時會覺得自己比年輕的朋友活得還莽撞，一切決定欠考慮。相同的，長輩可能也是如此看我吧！

相同的反省，如果我將自己的經驗告知年輕的朋友，年輕的朋友還是一意孤行，我也是一樣地祝福，一樣地看好他們。

因為年輕，有本錢痛苦、挫折、失敗，一切都有青春、體力與時間，可以重來。

年輕的朋友，若真是道理都了解了，還是要這樣地做，就做吧！

我們可以看見許多成功的起始都是慘澹經營，沒有所謂的準備好，什麼原始的公司只是一個停車庫；原始的員工只有四人；原始的資金只有幾萬……如果真要準備好，這些故事就不存在了。

看過一個廣告詞，讓我感到振奮：「行動，就有可能！」

行動去吧，朋友，不要再用「要準備好，才能出發」來唬弄自己，自己欺騙自己了。

年輕就該有這種自覺——天下沒有什麼是準備好的。

「不顧一切」的樂觀

那是多年前看的一部電影，一位原本高居要職的男人，愛上自己兒子的未婚妻，這個錯誤不只讓自己唯一的兒子自殺，還讓自己淪落為一位橋下的可憐人。片子的最後，沒有太多的悲傷與悔恨，反倒是他優雅地，像是在切割著昂貴的牛排似的，切割著一個乾癟的土司麵包。

或許觀眾會為他的一生寫下悲傷的註腳，但我不會，他已經做了自己想要做的一切；即使面對現在的處境：一片土司，內心還是高貴愉快的。

內心的豐富，無關於你是不是吃著美好的食物，住在豪華的屋子，或外界給予的尊貴。

我曾經在巴黎看著教堂外面穿著配色得宜衣著的優雅行乞者；街頭也有美麗不再的歌手，神氣地賣著她年輕時的ＣＤ；甚至在香榭里大道上，看見一位穿著破舊的女孩，看著一本舊書，用著簡單的水果刀切著面前的小蘋果……

只要你感覺幸福滿足，就算物質有些欠缺，也是一番別有滋味的生命。

＊　＊　＊

我是在一個父母熱愛泡澡的家庭中長大的，泡澡是每一個家人都會做的事情。但在一次旅行，來到新疆賽里木湖，天呀！不只被單是髒的，電力、水力都是缺乏的，唯一可用的水是熱水瓶中的水，而這水是要供兩個女人刷牙、洗臉、整理頭髮……等到我可以用一點點水完成我所有的梳洗工作，整理好自己時，我忽然有一種幸福感，我覺得自己好厲害哦！

回國之後，我也習慣煮一小鍋水，再加上冷水，簡單地梳洗。

簡單、節約之後，我發現了富足。

曾經在印度，看著我見過最慘的貧民窟，但我也看見貧民窟一家幾口，蹲著，高興歡愉地聊著天，無視我們這些坐在遊覽車上的觀光客。

印度人自己曾經批評過自己的貧民，是不知上進的人，但在某個角度上來看，一個上進的人是不是心靈可以像他們這般快樂？如果可以，這是最為完美的，如果愈是追求，內心愈是貧困，那真是不如這些貧民窟自在愉悅的心靈了。

有一年，來到大陸的雁蕩山旅遊，一批批觀光客「摸黑」看著雁蕩山，才開始狐疑黑漆漆地可以看什麼呀？結果在極微小的小光源下，山，自然展現了自己的美麗，一點兒也無須擔心。於是在回程中，一個人在漆黑的山路上走著，走著走著，感到幸福，內心毫無恐懼，因為山會保護我，那強壯又博愛的山，會一路相陪。

愈走愈感到美麗又滿足。

人生就像是漆黑的山路，恐懼自然由心中生出，如果你可以當所有的一切（如黑暗、貧乏……）都是美好的陪伴，這樣，你將愈走愈樂觀、愈快樂。

微笑，可以改變自己的運勢

我超愛寫意見表的，只要有「意見表」，我甚至會回家用電腦打字，洋洋灑灑寫下自己的看法。其實，不只收到我意見表的人，會感到這些意見有點兒意義，我自己也感到意義非凡。因為從自己的意見之中，我了解了自己的一些看法。

例如，我會在旅遊意見表上比較著旅行中的兩位司機，我發現自己在第二位司機的感想上寫著：可能是他很喜歡傻笑、愛笑，這樣的感覺，讓人感覺他人很好，讓人感覺他脾氣很好，讓人感覺他一切都很好。

看著自己寫下的意見，自己想著想著，有點有趣，有點道理，愛笑——這似乎也可以成為一個好人的捷徑，讓人好印象的捷徑，讓人原諒一切的好捷徑呀！

只要你會笑，天下無難事。

我自己有兩個癡傻的例子。

自己在高中時，曾經被教官叫進教官室詢問：「妳為什麼笑個不停呀？有什麼好事嗎？」

「沒事，我只是實驗一下，常常笑，這樣的高中日子會不會好過一些？」

果然，有比較好過一些。

另一次，是與自己一位同事一起出去旅行，跟到一個素質不佳的團隊，同事的應對是：一個臭臉，臭到底。而我，則是因為不知該如何應對，常常「傻笑」應付，結果一路上這個團隊對我可好呢！有人要認我當乾女兒，有人要介紹男友，有人買水果給我吃……

真的，就連傻笑，也可以讓自己的運勢變好。

＊＊＊

去過不少的國家旅行，幾乎到每一個地方，都會有一個古物，只要摸了之後，就會發財，就會健康幸福。看見大家爭先恐後急著摸、急著繞、急著進門，我總是會傻笑。我常想，如果真有這樣容易，那麼天下的人都發財幸福，長生不老了。

不如切實一點，對人好些，對人常微笑。對人微笑時，相對地也要對自己微笑。

試著每天微笑，改變自己的運勢吧！

＊＊＊

我提出一個例子，大家一定會有感覺。當一個社會事件出現，詢問這主人翁的鄰居或同事對這人的印象時，大家都會說：「不會呀，他挺好的，他常常見面都會微笑打招呼呀！」

每個人的心理，認為一個人挺好的原因是：就是見面會微笑打招呼。

一句我的老話：「與其等好命，不如自己創造命運！」而創造命運，真的要買很多的物質嗎？不一定，只要自己每天都微笑，每天自然會遇見對自己好的人，一切都會逐漸變好，這時，你的命運會差嗎？

第一，你的身體因為所有的細胞都在微笑美好中，自然健康，抗體好。

第二，面對你微笑的人，將成為你的貴人；少則，幫一點小忙，多則，對你生命多所助益。

第三，微笑，讓自己視野走出去的，看見的，都是一片美好。

試著用微笑，來創造命運、改變自己的命運吧！

這比調整自己的個性，效果要快一些。

有集訓，有自信

「妳怎麼體力會這樣好呀？」

「我知道要來黃山，就在國小操場操練了一個月。」

難怪，這位姊姊人看起來小小的，體力卻這樣好，有操練，除了讓體力變好，再來，就是人變得有自信。有自信，就像是大力士卜派吃了菠菜，變得有神力一般。

這樣的經驗，讓我想到有一年與一位體力不錯的同伴一起自助旅行。每天從天亮走到天黑，走得我都快要哭了，我的同伴卻一點兒也不累，當時心中只想著一個廣告詞：「平平十六歲，怎麼差這麼多？」

我們不是十六歲，但是兩人年紀差不多，我身形還比較大隻，怎麼體力差對方這麼多呀！

回家之後，決心雪恥，每天去爬小山，把體力練出來。真的有練有差，往後的旅行，我可是大家稱讚「體力好」的一個喔！

這幾年，就比較沒有在練體力了，因為自己養了狗寶貝，每天一早起床，就是帶他們散步，為愛犧牲，就比較少爬山，算是有一些可惜。但為了愛，也是甘願的。

體力雖然變差了，氣質卻變好了，這是因為養狗，對於美化一個人的態度，以及言行、思想，都有一些助益吧！

對於一些陌生認識的朋友，如果知道對方也有養寵物，我都可以從對方的身上看見一些「其來有自」的特質。例如，特別容易感動、特別細緻、特別溫柔、特別寬容，也特別願意幫助別人……

如同許多桀驁不馴的女人，當了母親之後，自然而然，性格、肢體、態度都會有明顯的變化。同樣的道理，一個生命的到來，必會影響一個愛他的生命，生命與生命之間，是互相影響的。

體力有體力的集訓，讓你有自信，體力倍增。愛也有愛的操練，讓你對於所有的愛，更能體會。

當你為一個目標預作集訓，一定會看見進步，一定也會在心上增添力量與自信。集訓的苦，不是苦，熬過的，就是一種凌駕千夫的自信。

現在的你，想為你的下一次考試、下一次旅行、下一份工作、下一份愛，作一些集訓嗎？

就算是只有一個星期、三天、一天、一個下午，請相信我，有這努力的心，集訓下來，你會大大不同的。

鍛鍊自己的體力，常常說出──我可以

「怪不得，這個劇在國外的收視率高，這個主角的個性編得很好。」

怎麼個好法呢？我想了想，這個主角的個性就是編得很突出，對於一切的事情只要是他想要做的事，無論能力夠不夠，他都會說：「我可以，我願意去做。」

但許多事情都是超出他能力範圍的，於是其中就可以看出許多勉力而為的趣味。

像這樣常常說「我可以」的人，常常是戲劇中成功的性格，在真實世界中，也是可以成功的個性。

說出我可以、我願意的人，那勇氣是可以擄獲人心的，是可以讓人激動的。

但是，要說出我可以、我願意的人，勢必要有所擔當，要有體力，人總有疲累之時，累的時候，不想麻煩，就不會想去軋一腳。

天生體力好的人，天生就是成功的人，願意在尚未成功時琢磨自己體力的人，也是預約自己會成功的人。

我認識一位老先生，今年七十歲了，天呀！如果你見過他，你會認為他大約五十歲，甚至更年輕些！好體力，讓他從年輕就開始揹著背包，全世界自助旅行。

體力好，就是可以讓他比別人擁有更豐富的人生。

鍛鍊身體，如果只是為了身形更美，那僅能稱為是一個小目標罷了。真正的是，讓自己體力好，在自己許多機會中說出我可以、我願意，這樣完成夢想的機會更大。

* * *

一位大哥級的主持人，才入行時，為爭取自己表現的機會，甚至願意為大牌明星開車門。

一位現在已經具有一席之地的經理人，為了爭取可以採訪的大人物，可以徹夜等待，可以以辦公室為家，夜以繼日地工作。

「公司都沒有交代我重要的工作。」一位過去離職的同事這樣對我說。

我心想，重要的工作不是交代下來，重要的工作是主動爭取的。

如同你在電梯下，就已經看見一位電梯上的老太太似乎無法負擔自己的提袋，你會不會趕緊主動上前幫助她？或像所有的摩門教徒，大熱天在十字路口，與等候紅綠燈的人說上幾分鐘的福音。

工作是很小，爭取來的事，若做出好成績，那就很大了。

訓練自己的體力，當大家累下，自己還能說「我可以」、「我願意承擔」，我相信，成功之位無人可以與你爭鋒。

有命，就有路

不知為什麼，淚就這樣地流下來，當我看見同袍弟兄在因公殉職的孫吉祥上尉靈前唱著軍歌，我激動得不能自己。

「為什麼這些阿兵哥都不會哭？還是這樣抬頭挺胸唱著軍歌。」

「訓練出來的。」弟弟這樣回答我。

偉哉，軍人呀！

孫上尉之未婚妻堅持取精，為其留後。我最初的想法是，不要取精子，趁著年輕還可以嫁人，如果拖著一個孩子，可能會很辛苦。但是，看李小姐如此堅持，我的想法就放下了，「就照她的心意去做吧！或許這樣的人生會更好。」

我記得我父親過世的那一段時間，我超想生一個孩子的。我在父親的靈前說著：「爸，生來做我的孩子吧！讓我還你這份恩情吧！」但是，我也祈求父親，讓我清楚一些，眼前的男友是我的真命天子嗎？不知真有心意相通，還是怎樣，沒有多久，就發現男友感情出軌的問題。

過了那一段，我就不再想生孩子的問題了。

我贊成生下孩子，我也贊成再過一段時間，冷靜一下。

以未來的角度來看，孩子是所有的希望，是所有事業的前導燈，多少的單親媽媽，創業成功都歸功當初掙扎生下孩子，讓自己的生命有勇氣面對。

單親家庭，是不圓滿，但幸福的機率也很高，不少結果都是美滿的。

許多媒體擔心李小姐的孩子沒有父親，父不詳……所有的問題，都是多餘的。

有孩子，就有出路，人許多的潛能，都是因為有了這個「小生命」而產生的，但千萬不要生多，生多就成了災難，畢竟環境愈來愈差，孩子的生存也是非常艱辛的。

簡單邏輯④

因為簡單而平靜

幸福，就是品質

生活品質比活得多長，要重要得多。

當我躺在軟軟舒服的棉被上，我感覺美好，每天我都有這樣的感覺，就這樣容易就會有幸福的感覺。

於是，我開始可以了解，為什麼有人可以花個二、三十萬買寢具了。以前總想不通，不就是睡一覺嗎？

現在明白了，而我並不需要二、三十萬的寢具，只需要普通、清潔、柔軟的就好了，我就可以滿足了。

因為這容易得到的幸福感，於是我分享給狗寶貝，幫他們鋪著軟軟的被子。我想著，不論他們是不是會長壽，身體是不是會比較好。我想，至少在他們短短的生命中，應該也像我一樣，有著幸福的感覺吧！

＊　＊　＊

「錢太少，很難過呀！」

我聽著一位大學畢業生，說著自己的生活。

我想著，如果一個人的生活品質是堆積在高貴的物質之上，那麼普通上班族的生活是很難活的，如果生活品質是著重在心靈之上，就算賺得微薄，一樣可以感覺幸福美好的。

我感覺自己是個有福之人，我感覺美好的、感覺幸福的，都非常地廉價。一床廉價的被子；只要看見狗寶貝睡得舒服；寫作時；清晨的散步；幾隻鄰居的狗與我打招呼；自己買到物超所值的衣服……我不需要太多，就可以感覺幸福品質。

反觀許多媒體上的生活品質、生命品質，我都感覺對自己的吸引力沒有這麼大，更沒有追逐的氣力與衝動。

「我喜歡的都很貴。」自己的一位朋友說著。的確，她選上的總是很貴，品質很好，設計家的首飾、英國羊毛的圍巾、高級的鞋子、專櫃的衣服……她喜歡的是有品質的，但在我眼中，價值好像沒有這樣高。

我慶幸自己喜歡上的都不昂貴，這樣有損及我嗎？一點也沒有，反倒是自己可以節省下時間與金錢，追尋享受自己簡單的幸福。

在我的觀念裡，品質不是昂貴，品質就是幸福感。每天，甚至每一秒鐘，都有幸福感，我就覺得生命有品質。

這些並不需要太多人類世界的一切，就可以達到。

我不批判別人的生命品質，但是真的，我感覺幸運，感覺恩賜，自己每天都享受到幸福的感覺。

有些進步，只有你自己知道

「我已經好久沒有在清晨散步了。」

看見一位婦人，肩上帶著一隻綠色的鸚鵡，在田間散著步。

「妳應該再早一些，五點半散步到六點左右差不多，頂多到六點半，六點半以後太陽就出來了，人也變多了，妳的鸚鵡很漂亮，前面有一隻彩色的鸚鵡，會學手機鈴聲，還會說『親愛的』。好可愛。」

「我這一隻也會。」

我常常在清晨散步，遇見一些熟面孔，也常常遇見一些生面孔。在老年人眼裡，可能覺得我這位年輕人美國時間太多了，不趕著賺錢，卻有閒暇在清晨遛狗。

有一、兩秒鐘，我是這樣地想自己。後來，我會了解，我就是要這樣的清晨，我就是要這樣的感覺，甚至我很肯定這感覺是生命很大的進步。

在某些老年人或某些前輩的眼中，利用時間賺錢或做一些具體的事情，才算是積極又進取的人生。但是，如今的我卻是認為，可以享受這樣的閒適、這樣的清晨，享受空氣，享受清新，甚至清明的思想，也算是一種生命的成長與進步。

這樣的體會，我終於了解，原來每個人的「進步」，也可能是別人眼中的「退步」呀！原來進步與退步，是箇中滋味，需要自己肯定與堅持的。

＊　＊　＊

這天我看見我那似乎有著心事的小學同學，每天從家裡走到熱鬧的市街，然後再從熱鬧的市街走回家裡，或許有人覺得他「病」了，可能罹患憂鬱症，我卻是認為他

可能是另一個阿甘罷了。阿甘用跑的來領悟人生，而我這個同學，則是用不斷走路來了悟這人生。

他不妨礙別人呀，也請大家給他自由，他或許認為這是人生的進步呀！

另一位鄰居是個特別的長輩，人雖中風，卻頂著大太陽在農田中「匍伏前進」地除雜草。

「他腦袋秀逗了，租機器，一下子就可以解決了。」

「我不這樣認為，再沒有意義的事情，只要他認為有意義就好了。換一個角度來看，與他同齡的人，還健康得四處旅行，他卻懂得紓解自己中風的心情，沒有想不開自殺，光是這點，他所有的行為都是值得嘉許的。」

另一個鄰居，我偷偷為他取了個外號：怪怪男。他自己蓋了一間廟，只有自己在供奉，還養了一些純粹好玩的動物。如果外人來看，會覺得他的人生不知道在幹什麼，但他感覺好，就好了啊！

再看看自己的一個親人，老是畫一些自己喜歡卻賣不出去的畫作，「住」沒有問題，「吃」得很隨便簡單，但人家也過得像是一個有名有利的藝術家呀！

愈來愈對別人的人生尊重，沒有貶抑。

我是以自身的體會，去體會什麼才是進步的人生呢！當自己的進步與這個世界的進步不同時，才開始反省所謂的「進步」二字，也才開始尊敬別人所不認同的人生。

名譽是可以放下的

我一直認為，名譽是重要得不得了的事情，怎樣都要留點好的「後話」給予後人聞問的。但是，有時候太過執著於名譽，追求虛名，也可能過得虛假。

「當自己一文不值，被美國公司辭退，開始領救濟金、救濟物資時，我開始尊敬這些做社會公益之人。他們不為名、不為利，做著自己認為應該做的事情，我開始覺得過去追求名利的生活，真是沒有什麼好的。」一位美國移民說著。

這位移民，如今假日就參與慈善團體的活動。

過去我認為，人若不要太汲汲於追求利，生命與心靈品質會好一些。利，可以不追求，但是，一定要把自己的名聲搞好。

而今想來，有時對自己要做的事情，與自己的名譽之間相衝突，孰重呢？

我會心一笑，當然是自己要做的事情重要！

從某個角度看，維護自己的名譽，也就是追求虛名，那是不對的。

＊　＊　＊

「有人在設計我，循過去的模式，利用一些感情事件，摧毀我多年建立的名聲。」一位名人說著。

聽見這話的當兒，我想著那些因為愛美人，而毀掉自己半壁江山的名人一覽表，我剎那間有了一個感覺，那失去江山之人，至少是真實的人，是誠實之人。

一個為了事業名聲，寧可守著已經蕩然無存的感情，還是成為追求真愛的負心漢、負心娘，哪一個對得起自己？在我的看法，是後者，但我的建議是，一定要做得有情有義，不可以絕情斷義，更不可以有欺騙。

守住名譽之人，非常可能是最為虛偽的人。
失去名譽之人，或許是最為真心之人。

＊　＊　＊

日劇《白色巨塔》中，那為名為利的醫生做了很多為了自己地位的不名譽事情，這與自己追求的「名譽」對照，是極為諷刺的。

而另一位不求名位之人，做出來的，卻是可以對得起自己良心之事。

假名譽，真名譽，令人啼笑。

愈來愈喜悅的人生領悟，一段時間後，因為體會，對那當年緊緊抓在手上的東西，如今愈感覺沒什麼。一一放下之後，才發現，原來一切都不值得執著呀！

催眠法

看著滿街都是某家電視購物台送的春聯，我發笑地想著，人對於逛街購物會有一個癮頭，同樣的癮頭，變身成為了電視購物。而我發現電視購物，有時只是沒有戒心地看著他們又在介紹什麼，用欣賞電視節目的方式，看久了，竟然有了一種類似催眠的作用，讓人不知不覺地，購買的欲望又起來了，一次、兩次、三次，終於下手了。

催眠，是如此好用。

過去，只有三台的時代，新聞大多一天播個幾次，現在是好幾個頻道，一整天每個鐘頭都在播，你說這個傳播效益有多大。只要一個主題，就可以讓大家都去買蛋塔，一窩蜂去瘋甜甜圈，或一個醜聞就可以炒得大街小巷沸沸揚揚。

這就是密集安打，用催眠的方式，鼓動人心。好的，傳播得很快，相對的，壞的也傳播得更驚人。這就是為什麼竟然有學生立志要做一個經濟犯，因為這樣子賺錢比較快。

一個不好的示範，可能因為密集的播放，讓內心不穩固的人，有所動搖；讓價值觀還在建立的人，建立在錯誤的基礎上。

* * *

曾經看過一本國外的勵志書，其中寫道：其實納粹時期希特勒這個人並不聰明，他只是很會「用方法」。他用的方法，就是不斷地公開演講，演講中一再地強調一些字句，然後讓大家呼口號，讓自己重複——自我催眠，以達成他的野心。

另一個美國的大罪犯，到最後要執行死刑時，還喊冤說著自己其實並不是那個罪犯。因為他自從闖下大禍之後，就隱姓埋名，過著自我催眠的日子。大半輩子過去，他竟然真以為自己就是自己虛構的那個人。

真的是可以這樣，人的自我催眠，真的可以成為自己想要成為的那個人，這個功效是可以妥善運用的。

我提一個自身的例子，我的父親是一個非常喜歡提「想當年」的老人家，從小到大，我都在聽一個不斷倒帶的錄音帶，這樣子一直講，我一直盡孝道地聽著，聽久了，忽然感覺，我似乎看得見他當年的情況，我似乎是當事人，記憶清晰。其實這不可能，因為父親快五十幾歲才生下我，我如何可能與他一起在大陸過著逃難的生活，或初到台灣的苦難日子呢？

重複、催眠，神奇的事情就出現了。就是這樣，如果你是對自己非常疼愛的人，請自我催眠，自我鼓勵，無論自己現在是如何的處境，一生一世，都不要對自己失去信心，努力讓自己的每一個年紀，都能夠成為自己想要成為的人。

我相信一定行的！

好運，來自好態度

某天，我看一位郵局行員妝畫得細緻，身材也勻稱，脖子上的首飾，看起來樣式也非常漂亮，但怎麼星期一一大早工作起來，情緒是這樣的差，臉色是這樣的壞呢！好可惜喔，這樣一個美人兒，如果殷勤多一點，笑容多一點，體貼多一點，像是在為自己的親人服務一樣，這該有多好。

「小姐，請問今天幾號？」

我應該是看起來算是有點和藹可親吧！這位男士才會問我。

「先生，下一次你若不知道今天幾號，你可以看郵局牆上的掛鐘，幾乎每一個銀行、郵局都有的，我也常常忘記時間……」

看這位男士謹慎又小心的寫著提款單，我想，過去他大概很少到郵局來辦事吧！有點不熟悉的肢體，正需要善心人士的幫忙，若是有人給一點兒援助，他今天會很美好的，覺得世界是光明的。

如果說一個人對這個世界有多大的奉獻，那我們絕對沒有辦法贏過一些作古之人，例如，愛迪生、孫中山先生等等。更何況，我們真的是能力不足，既然能力不足，微薄小力，給人家一點兒「好臉色」，給人家一點「好意見」，也算是滴涓地在奉獻服務世人啊！

* * *

我的兩位朋友在銀行工作，兩位都嫁得相當好。她們的對象都是常常往來的客戶介紹的，客戶常常來辦事，一日看這位小姐，一個星期看這小姐，一個月看這位小姐，好態度依舊沒有變，怎樣都想為她找個好人家。

我的朋友並不是貪圖什麼，姻緣就是因為自己的好態度而來。

另一個經驗是，在一次旅遊中，有兩派的老年人彼此看不起對方，一方覺得另一方是沒有水準的土財主，另一方則覺得對方是虛有其表的偽君子……後來說也奇怪，兩方竟然成了可以喝酒、喝茶的朋友。我的室友是一位阿姨，說這些都是我的功勞。「妳跟兩方主事者都很好，於是兩方因為妳而有了聯繫。」我不認為我協調了兩方什麼，兩方都對我很好，於是我也對他們很好，這好像是理所當然的。

多想一點，就會多獲得一點，不一定是如何實質的好處，最起碼你與別人在同一段時間中都可以得到美好的感受。另外，你希望自己獲得怎樣的服務品質，你也得一樣地服務他人，這樣你會發現，這個世界上多麼需要這個美好。

不是每個人都可以有美好的一天，但你的友善，卻是可以做到。

你行的，是你最大的本錢

認識一位長輩，事業有成的長輩，事業很成功，卻是有個小害怕——

她不敢一個人在房間，六十幾歲的人，她無法獨處。

「她很不簡單喔，從三十八歲開始賺錢，賺到現在，很不得了。」

這位長輩生意做得非常好，真的很難想像在生活上，她很害怕獨處，一定要有人相伴。

我想著，人真的要好好看重自己「行」的地方呀！

有的人或許沒有什麼事業，卻是很能自處，自己玩得很開心。

一位朋友，做了很多行業都不成，有回跟人約了郊遊，結果可能記錯地方，我以為他會敗興而歸，結果他沒有，反而撿了滿滿的河邊玉石回來。

有次去法國蔚藍海岸旅遊，想上廁所，去到飯店時卻被阻攔下來，完全靠一位阿媽比手畫腳，大家才上得了廁所呢！

你行的部分，或許別人不行呀，人怎能隨意地灰心呢？人要提起自己的自信，以自己那看起來似乎微薄的「行」，支撐起自己的全面性的信心與能力！

我想到自己的一位朋友，她月入十萬，生意做得很好，卻不會坐火車，有一回她妹妹告訴我：「我今天帶我姊姊去學習坐火車，不過我想，下一次她自己還是不會坐。」

我們認為簡單的，對方認為艱難，他們在行的，或許我們也需要適應磨練，這似乎很公平。

人不用太高舉別人，也不要貶抑了自己。

另一個經驗，我已經多年沒有坐捷運了。有一回要辦事，被一位長輩在捷運裡牽來牽去，下這個樓，接這條線，然後再換另一條線。聽長輩在說時，我想著，有一年我還被一位外地的朋友稱讚我很會搭捷運呢！

其實沒有什麼，常搭就熟練，常搭就不慌張，一切都是常常練習罷了。

你覺得對方了不起的地方，若是換在你身上，常常練習，你也會跟他一樣了不起的。一切的「不行」，只是「不熟練」罷了。

不行時，不要慌，告訴自己多練習就好了。看見了不起的地方，也別把人家神化了，自己加把勁，練習一下，也成。

＊　＊　＊

我一直很欽佩大陸的導遊，真的好會講景點。

「我後來想想，一樣的詞，講個幾百遍，一樣的路，多走個幾百回，我也同他一樣了不起，一樣厲害。」我與一位台灣領隊這樣說著。

就是這樣，了不起，行的，就是練習；多練習，就可以行。

每個人都會流汗

在市場——

「我最討厭這樣流汗了，身上黏黏的，很不舒服，又必須等到晚上才可以洗澡……」

這位老闆娘，在我面前叨叨唸唸的，我知道她很不舒服，所以以一個客人的身分安慰她。「流汗很正常呀，夏天流汗有時要忍耐呀，每個人都要學習忍耐，這樣才可以賺到新台幣啊。」我附送一個微笑給她。

「我就是受不了。」

這樣一個生意人，生意怎麼會做得好呢？看看她的貨色，我不禁想著，每天的店面租金也不便宜，這貨怎麼不挑一下呢？白白浪費了金錢與店面。她反而又跟我講了一些生意上面的事情，我會信嗎？我沒有全信。

我認為一個成功的商人，應該能夠忍受一些必須要忍耐的部分，若這個都做不到，這商人其餘的話聽聽就可以了，我不相信這人的成功能持續很長一段時間。

另一位攤販的先生，在擺好貨物後，與我說話之時，額頭上有許多大顆的汗珠。

我心中想著，這男人真是夠帥的。

男人因為工作而流下來的汗水，是多麼的有魅力，這比起在冷氣房中認真工作的男人，又是另一番不同的帥勁。

我想著前面那位討厭流汗的女老闆，如果她不抱怨，我也覺得她的姿態美麗，即使我注意到她肥短的身材，黑色細肩帶背心，顯出她的肥胳臂……但這些缺點，都無法損及認真的女人最美。真的，如果她不抱怨，她工作的時候，真的很美。

如果你覺得自己缺點滿身，與其花很多時間用化妝品，花很多穿著的技巧，遮掩缺點，不如努力工作，認真勤奮，這是最好的遮瑕霜，可以讓大家看見你的美麗。你也可以從努力認真中獲得想要獲得的。

另一個攤販，我看見一位年邁的母親帶著自己的孩子做著生意，母子兩人汗如雨下，看著兒子聽母親的吩咐工作著，我感到這位母親的偉大，這麼大把年紀，與兒子搭檔做著生意，其心可感呀！

人生，終要領悟到——世上無法改變的，就一定要忍耐。勸服自己忍耐。不怕流汗的人，會獲得更多的生命機會！

愛人、愛動物、愛眾生

愛如果戴上粉紅色的墨鏡，看出去，全世界都是粉紅色的愛。

「他，現在應該是最愛小孩的時候。」

他說他帶團出來工作十天半個月，行程結束回家最想的不是抱老婆，而是最想抱女兒。他有一個兩歲的娃兒，愛屋及烏，所以現在正是看見所有小孩都可愛的時候。

有一年到北歐旅行，我的室友是一位老師，她說她得了「照欲症」，此照欲症非躁鬱症，這個照欲症就是每天照不完，什麼拉拉雜雜的景物都愛拍。這些拉雜中，最大宗的就是小孩，為什麼呢？我後來推想出這個原因，因為女老師尚未結婚，有很多時間都在照顧自己的小姪子，因為愛自己的姪子，便也關愛全世界的小朋友。

因為她正處於這個情、這個熱，於是所發衍愛的能量普及全世界。

另一位旅行中認識的富太太，嘴巴尖酸刻薄，腦子裡的想法，簡直就是外太空人的想法，天馬行空，根本不能理喻，但她說到自己三不五時會到孤兒院看望小朋友——

「我常常看見我的小孫子是這樣的幸福，我想全天下的小孩也應該像我的孫子一樣幸福才對呀！」

她終於有比較像「人類」的想法了。

而她有比較像「人」的想法，是因為「愛」，因為這幾年她擁有孫子的那份喜悅，讓她有了滿足，進而有了愛心。

因為家中有「小小孩」，所以愛別人的「小小孩」，因為家中有可愛的「老人家」，所以愛別人家的「老人」，因為家中有至愛的「兄弟姊妹」，所以也愛護別人的「兄弟姊妹」。這是一個美好的發衍——推衍。

相對的，自己愛著自家的「寵物」時，也一樣地愛護別人家的「寵物」，進而了解那愛寵物的心情——我是養狗的，但我也懂得養貓、養魚、養烏龜、養小白兔……這些愛動物的心情都是一樣的。

我甚至可以理解，鄰居家太太要我家的狗狗不要在她的雜草上尿尿的心情（她種了一些草，但從來不理會、不整理，甚至侵占了公家的土地）。我可以想像這些「雜草」在她心中的地位，應該如狗狗在我心中的地位一般，不容侵犯。

植物與動物不同，但因為愛一隻狗，可以聯想愛一株植物的心情。愛是一理通，萬理通。

如今我連過去最愛的美食節目，必收集的美食食譜資料，都不愛了，飲食也盡量減少動物的肉，海鮮也少。因為所有的動物都如我狗狗的眼睛那樣晶亮，動作都如我狗狗這般可愛，我何忍呢！

原來，愛一隻動物，其威力比愛我的小姪子還要大，愛姪子，會覺得全天下的小孩都很可愛，日子真是因為這小生命而更為美好。而一隻寵物，卻改變了一個人去愛所有的生物，甚至連飲食觀都改變了。

你正處在什麼時期呢？若你正處於愛天下小孩的時期，就能了解別人這樣愛小孩的心情；如果你尚不了解無法看美食節目的心情，不妨去愛一隻寵物，你就會有些了解了。

愛，好神奇，讓人博愛全生物。

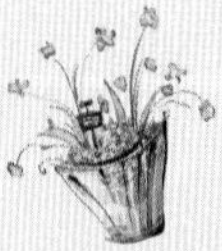

愛與寧靜

我喜歡忘記時間。

或許是放著自己喜歡的音樂，或自己喜歡的影碟，或寫著文章，或看著書報雜誌，或寫到自己很有感覺的文句，不自禁地吟詠一番……

有時我不放音樂，因為我看見可愛的狗寶貝正沉沉地睡著，不忍多一點點聲音影響牠們香甜睡眠的品質。

這讓我想到大陸有個富豪包下一個車廂給他的愛狗，為的是，狗狗怕驚擾。

原來，愛與寧靜，是相關的！

愛，給其寧靜，不給紛擾。人應該也是同理，愛一個人，也要給其寧靜，休息，不打擾。

我在腦中搜尋著相類似的畫面。

是的，我曾經為了小姪子們睡覺，減省自己的行動，讓他們睡得舒服，也讓他們在一睜開眼睛時又可以看見我；

是的，我也曾經在父親睡著時，交代自己的小姪子們不要吵；

是的，我也要求母親不要叫醒弟弟，讓他多睡一點；

是的，我也曾經為了弟媳婦太勞累，要求小姪子們不要吵媽咪……

我也曾經在旅行中覺得同伴們太吵，太愛聊天，讓自己心情不佳。

愛與寧靜是相關的。給予自己所愛的人一些寧靜，是愛的表現。而給予自己不相熟的人一些寧靜，是一種尊重，也是個人修養的一部分。

寧靜，是很重要的。

* * *

但是也有一種自私，來自寧靜。

「他說他給我寧靜，其實是因為他要過自己的生活。」

這種愛與寧靜是自私的，這樣的愛遲早要分離，這樣的愛是愈愛愈寂寞，愈愛愈孤獨的一種愛。

他要的，硬是要——我要，其實是他要的。

有的人最終的愛情是，只愛自己。

如果不希望這愛與寧靜成為自私，想清楚，當你給對方寧靜時，是他要的，還是其實是你要的。若是你要的，請想想，你真的愛對方嗎？若愛得太淺，放對方走吧，不要耽誤對方的時間，讓他有機會，遇上真正的愛與寧靜。

歸於「緣分」，就不會難過了

「喔，好可惜喔，在巴黎的香榭里大道看上一雙鞋子，沒買到。」

「姊姊，已經過了三年了，不要再唸這件事情了。那年領隊就說了，看上就趕快買，不要像她，十年前在義大利小鎮看上一雙鞋，想了十年，十年後，為了那雙鞋，再回那家小店，鞋不見了，只好買雙同款的鞋補償一下。」

後來我又給這位姊姊一點機會教育：「妳就當『買東西』也需要一點『緣分』吧，沒了這緣分，就是沒有辦法擁有。」

想著這是沒緣分，有遺憾，也算是有個答案，可以搪塞了。

＊　＊　＊

有一年，去到西班牙的小鎮，相機的電池沒電了，害我那個小鎮風光沒有拍到。

另一年，去到愛爾蘭，這次換相機秀逗，害我那天的行程沒拍到，整個人空空的，感覺好奇怪喔！

幾次經驗下來，就算遇見什麼突發的狀況，我都會告訴自己，許多景物與人還是要有「緣分」的，無緣拍下它們，就是無緣，一切歸於緣分，人生得失就輕鬆多了，若是有緣，就算當時覺得拍得不好，洗出來，也像極了攝影大師拍出來的作品呀！

如此，「緣分說」讓我臉上就有了釋然的微笑，不再患得又患失，安心多了。

而看見別人患得患失時，我也懂得以這番道理安慰那人，似乎也很受用呀！

＊　＊　＊

而人的緣分也是如此呀！

「許多的相遇我都覺得不是莫名其妙的，大家都是在因緣之中有一些牽扯，有些相關，今生才來相聚，只是緣深、緣淺，有人緣深，可以聯絡一輩子，緊緊相連；有人緣淺，一下子就分離，今生今世不再相遇了，徒留美好回憶。日子愈久，愈看得見這緣分的存在。」

於是分開不要難過，上天還是對我們好的，能讓我們相會一會兒，有太多人一輩子還不曾相遇相知。

而想分開，卻無法分開，那也是一種緣分，有時也要認分，今生就是要相守一生。

緣分是真的存在。

緣分說，可以解決一些問題，安慰一些遺憾。

但也不一定要一味地隨緣，有時也要「強緣」呀！

勉強這個緣分。

勉強這個緣分，就是創造緣分，硬要求一個奇蹟。

這個世界若是沒有奇蹟，就太無趣了。

若你心一直放不下，就算失去所有，也要有強求的心，去求求看，如果不求，不勉強，太對不起自己。

緣分，有時是需要搏上一搏的。

看見悲傷，省思就起

我只要看見悲傷，個人省思就起來。每天都會有一次。

「如果我不認識牠，牠只是一隻死去的狗，但昨天牠才跟我的狗狗玩遊戲，我還一直稱讚這隻狗很溫和呢，怎麼就被人毒死在田裡面。而不遠處也有一隻被毒死的狗，這個毒狗的人，怎麼這樣狠心，他們只想要自己的菜不被破壞，自己想活，也要想到狗狗也要活呀！」

這個毒狗事件之後緊接著有一個強颱襲台，我想著，一個強颱的災害，比一隻狗踐踏農作的災害要多得多。

* * *

疼惜自己的農作，一樣要疼惜可憐的動物。

有悲憫的心，才不會創造悲劇。

「不要再生第四個了，多生多罪孽，人活著，多多少少，為了自我的生存，傷害了環境，傷害了人，傷害了動物……」我跟一位醫院認識的少婦說著。

這位少婦，已經莫名其妙生了三個孩子了。而她的三個孩子，都有學習遲緩的問題。

我們是努力地想要把孩子教好，但隔一

個身子，隔一個腦子，孩子依舊是另一個獨立的個體，他或許在無意中傷害了別人，這是我們不能控制的，這就是當社會事件發生時，許多為人父母者常常一臉無奈地說：「管不住這孩子啊！」

人活得愈久，看見悲傷的事情愈多，這個世界已經不是過去的那個世界，環境已愈加的糟糕。如果少一些人，這樣世界會不會好一些呢？人少一些，大家的空間大一點，自私的人少一點，傷害就不會這樣大了。

如果慈悲，不要創造太多的生命，否則

等於是在破壞世界。

如果慈悲，不要奪取任何動物的生命，因為牠們跟我們一樣，想要活下去。

如果慈悲，我們都會感覺悲傷的看見，讓我們悲憫，不忍。

如果慈悲，就會讓我們忘記自己的存在，自己的憂傷就不算什麼。

簡單邏輯⑤

因為簡單而豐富

稱讚的神力

你一輩子說過的話，不如一句稱讚的話的效力。

「哇，妳的素描好強喔，妳畫的這隻史努比與貼紙上的那隻一模一樣。」我對著正在住院的小姪女說著。

「她已經畫了很多給我辦公室的同事了，她還落款呢！」弟媳婦說著。

「對呀，畫好之後用護貝機護貝一下，就可以成為很漂亮的卡片了。」我與弟媳婦說著，小姪女畫得更加地起勁。

回了家，我與弟弟說到這件事情，弟弟說在小學時候也曾經被自己的美術老師稱讚過相同的事情。

「當時，老師曾經稱讚過我的素描很不錯。」

我想著，小時候的一句「稱讚」，竟是這樣的重要。對弟弟來說，繪畫成了他一生的道路，歡喜、身心安頓的道路。

＊　＊　＊

其實，生命中無論何時的稱讚，都有影響人的功力！

在一個機緣下認識了一位陌生的朋友，她與我抱怨著她的老公，抱怨得我看見她老公時，怎樣都沒有辦法與他說話。

「其實妳老公是一個非常聰明的人，他的腦子是清楚又敏銳的。就算他在打電話，眼睛還可以抽空看電視、觀察著別人，他的觀察是精準的，因為他說出來的話語是如此的精準。」

她聽見我的話，一反當初抱怨自己老公的態度，順應著我的話語，稱讚起自己的老公。

我相信她會把我的話帶給自己的老公，我們可能只是萍水相逢的朋友，也許一別千里，今生可能不會再相遇，也不可能成為好朋友，但如果我的一點意見、一點鼓勵，可以讓這位聰明的男士變成一個在工作、家庭上都優秀的人，那麼我已經善盡自己的一點力量。

我雖然不是一位先知先覺的算命師，但我常常看見一個人特別的地方，特別優質的地方。

我會不吝嗇的說出，因為我相信這是一份鼓勵，希望一切我遇見的人，都可以因為這點鼓勵，認識自己的特質，引為榮譽，變得更好。進而讓這個世界多了許多美好的成員，增添一些美好的希望。

我一直相信鼓勵的大力量，尤其小時候是最重要的。

請千萬不要忘記窮其一生都要好好「鼓勵自己」，用力鼓勵自己。因為一個人真的需要很多很多的鼓勵，才可以繼續這一生，這個大工程必須自己為自己做，因為求人鼓勵自己難，自己鼓勵自己，要多少有多少。

自己鼓勵自己，比起別人鼓勵自己，效果有比較差嗎？有一點，但一切都可弄假成真，之後一切還是有效的。

多操練自己鼓勵自己的力量，這力量會愈來愈強的。

世俗，把一個人弄老了

聽面對的這位太太說話，我的頭好痛喔！怪不得，她會與親戚吵到被人趕出來。想想，她只跟我差五歲，我開始慶幸自己的單純，甚至開始珍惜自己的無知。

面前張牙舞爪的她，經歷了與自己家人爭產的風暴，與自己那未成年女兒，以及老公一家人的爭執。

在某個角度，這位朋友經歷了豐富的生命，生長在一個複雜又混亂的家族之中。這些複雜與混亂，把她整個生命狀態弄得又老又臭。她幾乎連對著一個陌生人，都可以說出這段又臭又長的家族爭鬥史，又希望那人加入戰局評論一番，讓人真想不顧一切地逃走，不想聽下去。

「我頭好痛喔，我一定要走。」

我這樣說走就走，很沒禮貌，但是真的——我無法再忍受了，而且我希望再也不要遇見她了。

我感恩著自己家庭背景的單純，家庭成員生活的單純，這是多麼幸福的事情呀！

至少不會令我頭痛。

沒有頭痛的事情，就可以看見漂亮美好的事情了，人只有一張嘴巴，因為說了美好的事情，就沒有時間說那令人不耐的事情。

我不知道這樣是不是可以讓人年輕一點，但是，最最起碼，世界變得可愛了。

一遇見令人老的人、事、物，怎樣都會逃開，並告訴自己「絕不講出這樣令人頭痛的事情！」

世俗令人老，世俗在所難免，如果可以不說世俗的人，是聰明的。因為說了，無益於一切，反而污染了今天的心情呀！

真的，寧可沉默，不說令人老的話題。

在旅行中，也會勸一些朋友不要把自家的成就，拉拉雜雜的家族事情，拿出來說，因為年輕人不會說這些，只有老人會說這些。

如果不想讓人感覺老，一些自己家族的事情就不要說。

輕鬆自在，享受現下，這就是年輕人。永遠的年輕人。

興奮度 決定年不年輕

這是一個發現，我發現如果一個人的容貌看起來老態又憔悴，但出口的話語卻是生動、輕快，充滿激越的興奮度，這個人就會顯得年輕，別人也會覺得他年輕，甚至對於這個人所說出來的話語充滿興趣。

「那個酒店少爺對我很好，那個賣鴨肉麵的女孩也對我不錯……妳知道，我這樣出去一趟，有多舒服。」

父親一輩子都愛勞動，到老，失去了勞動的機會，曾經鬱卒過，後來他尋到了做「環保回收」的工作，老實說每天賺不到幾個錢，但他卻做得很起勁，看起來小小的工作，他可是把它做得饒富學問似的，他為自己設立了一些「基地」，這些基地，總有人會幫他整理好回收物，他只是去拿就是了。

父親本來就是一個腦子挺好的人，更令我們這些晚輩一生牢記在心的，是他對於生命的鬥志與意志力。年近八十的人，體力不比一個小夥子差，而他到生命的最後一分鐘，都是用著極為興奮的語氣，說著自己迴光返照夢中的情境——

那興奮，讓父親即使去世多年，我依舊可以感到他那生命的興奮。

＊　＊　＊

「姑姑我告訴妳，我們學校來了一個很好笑的男老師，每天穿蓮花裝（有畫水墨蓮花的唐裝）……」

雖然我對小姪子的話題一點興趣都沒有，但我總會很注意、很專心看著他。因為他雀躍得手舞足蹈，可愛極了。

所謂赤子之心，就是如此吧！我想要永保赤子之心，應該也要保持這個興趣的興奮度吧！

＊　＊　＊

我發現現在活躍於電視的「一線」主播們，無論跳到哪一台，無論哪一條新聞，就算你已經白天聽到爛了，但經她播報起來，就是很有吸引力，像是一則嶄新的新聞。我觀察了幾位，發現其中玄妙之處，在於她們除了善用雕琢的形容詞之外，「語氣」也是一大特色——她們喜歡用驚訝的語氣。

如果播報的主播都不感覺「驚嘆」，都沒有特別的情緒，只有平凡的語氣，那麼聽倌、

看倌接收到的也會是一樣的。

語氣，是會感染人的。

要他人喜悅，就要用喜悅的語氣；要那人興奮，就要用興奮的語氣。

* * *

「讓我告訴你一個好消息……」

這是過去自己一位主管教導我們的，每天與人說話時，一定要抱著與人分享「好消息」的心情，無論是做任何事，都會有成就。

你的語氣夠興奮嗎？

如果夠，你應該讓人感覺年輕又有活力，無論你現在是多大的歲數。

而且，讓人感覺有活力也是功德一件，不是嗎？

厚臉皮

厚臉皮，這個也算是奇招之一。

有些人不是沒有努力的心、突破的心，只是當時太快放棄了。

聰明的孩子，與會「鑽」的孩子是不一樣的。聰明，可能耿直不知爭取，會鑽的，不一定有大聰明，只是有點小聰明。

有沒有看見別人的「突破方法」，這也很重要，從小到大看見別人做，日久也學到一、二招，這敏銳的聰明，也算是聰明。

厚臉皮的打死不退，厚臉皮地鑽所有的方法，總是比別人多一點機會。

一位為了要爭取某家醫院自助餐麵條採購訂單的業務員，經過一些刁難、白眼……很多排擠，一般人到了這步田地可能就放棄了，大約百分之九十的人應該都會退怯。但是，這位非常人，他就是死皮賴臉，免費去餐廳工作，什麼都做，做到連餐廳歐巴桑整顆心都被打通了。最後，當然主辦人員答應向他訂了少部分的量，承諾如果反應不錯，就大量進貨。

另一個例子，一位律師處於劣勢，為了爭取一個環境污染的案子，他放下「時間就是金錢」這句話，下田幫忙農民工作，希望可以用自己的誠心打通那抗議農民的心。當然，人心是肉做的，不是鋼鐵打的，他成功了。

第三個案例，是一個經紀人，要推自家的新藝人，苦無機會，只好天天帶著手無縛雞之力的藝人到節目單位幫忙，做粗活。結果，也得到了好機會。

以上三個案例，是戲劇中的橋段。雖然是戲劇，若是感動你心，就可以實現於生活，我相信許多編劇不是無中生有一些劇情，也是收集而來的。

如果身邊看不見一些成功案例，從一些敘述成功人士的電影中，我們也可以學習到一些行動模式。

這些努力上進的主角，先不論聰明、美貌，他們的「厚臉皮」，或稱執著，是他們突破困境的重要關鍵！

臉皮厚，也需要勇氣與膽識的。

＊　＊　＊

我曾在電視台做過一段時間，看見一個真實的例子，一位明星，沒有什麼背景，也是用這種厚臉皮的方法，他天天站在電視台門口，看見製作人就求一個機會，結果真是給他求得機會，一炮而紅。

另一個廣告名人，年紀一大把，卻去應徵國內一家數一數二的廣告公司，公司告知沒有被錄用，這位仁兄要求自己可以來做免費的義工，清潔工也可以！結果一路從免錢的清潔工做到了總經理。

走開，放棄，是最容易的事情。但是，厚著臉皮繼續等，繼續受羞辱，繼續做免錢的義工，這是不容易的，我每次看見這樣作為的人，我心裡都有一個伏筆——這個人的心願有多大，這個人要做的事情就有多大，這個人可以受到的屈辱就有多大。

＊　＊　＊

平常就熱愛免費幫忙，喜歡厚臉皮幫忙，一朝需要這個「奇招」時，就不會使不出來。練劍終日，用在一朝呀！

請勤練這個我覺得不錯的招數吧！

不要等年紀

有一天，看見好幾份報紙廣告都有一位董級人士的訃聞，逼得我仔細看了一下，這位人士是何方神聖？他算是青年才俊，列舉的豐功偉業一籮筐，一看見年紀，哇……這位人士才五十出頭呀！

五十出頭，正是一個人退休的年紀，或者晚婚，還在為子女教育費打拚的年紀。而這位成功人士就與人世說拜拜了。

他過去有多麼地努力打拚自己的人生，如何耗盡自己的體力，我不知道；但他最後的時光，是滿意的，還是抱怨的？生命如果重來，他是不是會修正自己的人生道路呢？

「現在退休了，可以享清福了，但女兒要生小孩了，我又要綁住幾年……」

「現在退休了，身體開始出問題了，每次出國都是大包藥、小包藥帶著，有時候自己都沒有辦法控制自己的身體，常在旅行中出狀況。」

＊　＊　＊

因為旅行，常常認識退休人士，許多人都在實現自己當年的承諾：退休之後遊山玩水去。但是，實現之餘，身體已經不聽使喚了。

以上還是幸運的人。因為我也看過到了退休年紀還無法實踐當年計畫的人，可能是因為身體，可能因為某些原因，不讓如願。

我在三十出頭就很少為自己定計畫，幾歲要做什麼，幾歲要去哪裡……大多是，現在「可以去做，就趕快去做」。真是對未來沒有計畫嗎？也是有約略的計畫，但我總給自己一個想法：能夠提前，就盡量提前吧！每個人都無法精準的確定，自己真到了計畫中的那個年紀，真的可以如計畫去做。

「我可以確定自己吃過兩種。」一位記者說到某三種黑心食品自己至少吃過兩種，而且非常確定。他說的時候，表情很認真；我想我也吃過那兩種。

* * *

大家都吃進了許多不良的食品，環境因為污染，變得每天回家一臉黑，肚子裡面也裝了一些黑心食品，這樣的身體真的可以按照自己的計畫，幾歲要做什麼，幾歲要去哪裡嗎？還有可能嗎？

不要把錢看得太重，把物質欲望放下，多存一些隨遇而安的心，這樣，計畫就可以提早實現了。先得到的，先贏。金錢、地位，若是你的優先，你可以追求它，若是你自問他們並不是你的首要追求，就放下這兩項，或許人生會圓滿些。

不要為自己定下幾歲要做什麼的目標。一切及早做去，這會比計畫更為圓滿。

小時候的事，會影響人的一生

一所日本的幼稚園，他們在自己的校園中飼養了一對企鵝，由老師、小朋友共同撫養照顧企鵝，甚至還一起迎接企鵝寶寶的誕生。

這個愛的過程，小朋友畫下、寫下自己對於企鵝媽媽的祝福。

每一個小朋友的圖畫都令我會心一笑，其中有一幅更令我的心抽動了一下。

那小朋友在圖畫底下寫下了鼓勵的話：「企鵝媽媽，再忍耐一下，再努力一下。」

這麼小的孩子，已經知道「祝福」，已經可以「想像」企鵝寶寶一家三口幸福快樂過日子的模樣；另外，小朋友也了解生育的痛苦，以及生命必須的忍耐。

＊　＊　＊

不要小看了「小時候」，有許多人「小時候的記憶」可是影響一生極大。

早年，電腦先驅王安先生說到自己事業要做出決定時，總會想到小時候的一個小故事：

一個雨天，他因為害怕把路邊的小狗帶回家會被母親責備，就把小狗留置原位，回家詢問母親，當他得到允許回頭找尋這隻小狗時，那可憐的小狗已不知去向。

當斷，則斷，否則悔恨，就自己吞忍了。因為小時候一隻小狗引發的生命遺憾，造成自己面對抉擇時，不再猶豫，當下行動。

一個人長大之後的行動，背後極為可能是一個悲傷失去的生命故事。

另外，小時候領受的慈愛也影響著一個人未來的生命觀念。

一位女企業家，因為小時候家庭貧困，慈善人士為她付醫藥費，為她付學校餐點的費用……這些領受的點滴情分，讓她在事業有成之後，也一樣相同的付出。

得人一分，報人十分，當年小時候飲水的感覺，感激不盡，如今自己引水予人。

＊　＊　＊

「從小因為沒有玩具，長大之後，我要讓自己的孩子擁有玩具。」我的弟媳婦說著。這也是我弟弟很捨得買玩具給姪子的原因。

從小的缺乏，成為幸福給予的原因。

「我國小的第一本漫畫是一位長輩贈送的禮物，這造就了未來父母如何反對，工作發展多麼不好，我都要走上繪畫這條路的心。」

童年的一份禮物，成為朋友一生的快樂志願，自己存在的幸福。

＊　＊　＊

我看見一位得到乳癌的媽媽，向上帝祈求更多的時間，好與自己的孩子相處。

這位媽媽走到這步田地，沒把時間浪費在抱怨、傷心、祈求，而是把握每一分鐘，把自己最為快樂的模樣給孩子看見，多說一些幸福、愛意的話語給自己的孩子，讓孩子以此作為一生的印象。

與其天長地久，不如好好珍惜那仍然在一起的品質。

小時候的事，會記一輩子。小時候的事，會影響一個人的一生。

如果可以，一定要給予正年幼的孩子甜美幸福的記憶。因為，等於從一開始就給一個生命一劑幸福的預防針；有這個預防針，即使未來遭遇任何事情，他都可以安全度過。

如果腦子意識從小就灌入幸福的程式，一生就會是幸福快樂的進行著。

心念的一切，即是全世界。江山易改，本性難移，從小就是溫暖幸福的粉紅色性格，那未來無論是暴風雨，也有粉紅色幸福的感覺。

「一句話」福音

其實我不太記得他的臉，但我只要聽見他一邊工作，一邊與身旁那些「早安晨走」、「早安晨跑」的人們道早安，我就會記得是這個人了。

他是一位道路的清潔員，每天除了清潔道路之外，也順道清潔人們的心。從清晨第一聲「早安」開始，他讓人感覺愉快，也希望大家散播這「好」，給予眾人祝福。

若是你是個知恩之人，得人一句「早安」，你就必須回人一句，不是嗎？

莫名其妙得到一句安好祝福的人，下一次你也會善助陌生人。

從清晨的日行一善，積久，終成自己的品德。

過去在職場，也見過一位公車司機，看見客人一下車，就道謝謝。天呀！我在想，這樣下班的時候喉嚨不會啞了嗎？我只要一想像，那可能喊謝謝喊到滲出血的喉嚨，心就酸酸的，趕緊還人家一個謝謝。

心裡另有一個想法：他一直謝，是不是在還願呀？他跟他的神說了自己的心願，並許願：如果可以達成，自己願意對所有的人說「謝謝」。

與眾不同的行為，必來自不同的心靈，不同的心靈，必來自不同的體會、不同的遭遇，所以才會讓這位司機大哥一路謝個不停呀！

＊　＊　＊

一位明星來台，一天笑了十個小時，有記者採訪他：「不累嗎？」

這位大帥哥回答得真好：「真心真意，如何會累呢！」

這番話，令我對這位帥哥刮目相看。

一天在郵局，我聽見這樣的對話——

「你不要難過，所有的交通罰單我都收過，你不要難過。」一位行員對來繳罰單的人說著。

輪到我的號。

「小姐，妳相不相信，我所有的罰單項目都被罰過？」

「呀？」關我什麼事，我被迫點了頭。

「假日，我喜歡開著車子四處旅遊，而那些旅遊點，最多攝影機了。」

「看你這樣笑笑的說，一句話竟安慰了剛剛那個陌生人，那個人原先進來是張苦瓜臉，出去的時候是一張笑臉，這是積德，這樣子會有福報，會報在你的子孫身上呀！你看你坐著，一句話就做了善事，真好。」我說著。

這行員聽了我的話，很高興的樣子。間接的，我也做了好事。

而另一個有趣的事情是，剛剛那位苦瓜臉，不是陌生人，是他的鄰居。

一個人若是「一句話」就安慰了鄰居，也是很棒的事情。

這一次是鄰居，下一次，就是普天下來這裡繳罰單的人了。

＊　＊　＊

我常常讚美陌生人養的狗；我常常講狗經給所有我遇見的人；我常常表現自己的肢體，讓別人看見自己關愛狗的模樣。久了，我相信，就算一個人不養狗，也會對狗友善，有一天這人真的養狗了，也願意給予狗狗自己的愛心。

以此推論——

一句話的福音，播出去，看起來輕微，但你不放棄，久而久之，會發現世界似乎有點兒在變，變得像是自己喜悅的世界了，許多人的心思，也與你有了共通的天線。

真正的自由

看見一則新聞報導說，有人丟棄受傷小狗在獸醫院門口……

我看見這新聞影片時，就知道那不是獸醫所認為的「丟棄行為」，因為這位人士的肢體感覺不像是一個壞人。一來，他用比較穩當的裝貨籃裝著；另外，他的手腳輕盈，不想給予受傷狗狗二次傷害。我看見的感覺是，這隻受傷的狗狗應該是他在路上撿到的，他不忍牠死去，又無力付醫藥費，他想說：獸醫應該都是有愛心的，應該可以醫治這些狗狗……

果然，就如我想的，這位人士終於出現了，他認為他是見義勇為呀！

這讓我想到，狗狗為何會被丟棄？過去自己認為是狗狗破壞力強，亂尿尿便便，以及亂叫咬人，都是原因，其實一個很重要的原因是：不自由。因為狗的牽絆，讓人感到不自由，所以拋棄狗。沒有狗牽絆，就可以得到人的自由。

感到不自由的人若還有責任心，因為有責任心，所以想為身邊的生命負責，愈是想要負責，於是內心愈感到不自由，一旦感到不自由，便有了不如棄之的心。另一種人，就是根本就沒有責任心，一遇見綑綁就退縮，一丁點掙扎都沒有。

前者，還有點兒救，至少他還有一點責任心，只要他想通，在綑綁中領悟，過了某些時期，即使仍有綑綁，也不會感到不自由，進而從負擔的生命感到幸福。

在學期間，我的一位同學要去為另一個朋友的離婚協議書蓋章。當時我癡傻不明的問著：「為什麼要離婚，有問題嗎？」

「沒有任何問題。他們兩個離婚之後，還是男女朋友呀！」

「那為什麼要離婚?」

「在婚姻關係中,女孩子感到不自由,男方為了愛她,答應離婚,但兩人還是在一起。其實,男方已經給她很大的自由,只是她就是不開心。」

那時不了解,如今了解了,被一個生命綑綁,被一種關係困擾的不自由,是令人窒息的。

一個真實的新聞案例,美國一位男子,多日來化身為尋找失蹤愛妻的癡情男子。後來真相大白,他殺死了懷孕的妻子,只因為婚姻讓他不自由,他渴望回到單身。

當初是歡歡喜喜進入婚姻,後來發現婚姻是一個綑綁,所有的夢想與計畫都要把家庭計算進去,這個設想令人不自由。

有一年旅行,認識一位退休老師,是第一次出國旅行,我就問老師,你們不是有寒暑假,為何是第一次出國旅遊?

「因為放心不下孩子，所以不敢出國，如今孩子終於出了社會，才稍稍放心。」但一路上，我還是看見老師玩心不起，唉聲嘆氣的，老想著在家養病的老公。一路上，她抱怨自己婚姻的辛苦，羨慕現代女性的生活。

據我所知，老師嫁得非常好，雖然老公有點大男人主義，但還算是體貼的老公。兩個孩子也聽話，書唸得非常好，只是婆婆是一位非常難伺候的人。

人，如果無法通過不自由的試煉，參透不自由中其實蘊藏著自由的幸福，不了解一顆原石內含珍貴寶石，那麼將永遠以為它只是一個不值錢的石頭而已。

天下沒有真正自由的人，只有在不自由中領悟真自由意義的人。

＊　＊　＊

「如今我在預定旅行行程或外出時，都會預想狗狗怎麼辦？初期感到非常困擾，感到不自由，這是養狗者最大的難題；爾後，我終於歡喜感悟，這中間的不自由與責任的掙扎，是愛中最漂亮的一部分、最有意義的一部分。無論是放下寵物，去完成自己的行程，還是緊緊抱住寵物不捨，都感到這就是愛。」

掙扎出來的，才知道自己有多愛。

這就是為什麼美人魚願意放棄自己的身分，成為人類的原因。

真正的自由，不是在自由中體會。

真正的自由，是在不自由中體會。

真正的自由，是在掙扎中體會。

真正的自由，是明明在不自由中，負擔滿滿，依舊歡喜自由。

「有期限」的愛

這個是從養狗的經驗上體會到的。

在人的世界，不知怎地，對於工作、考試、許多事情上，好像都「有期限」的看法，但對於感情，似乎就比較沒有這樣的深刻，如感情中的男女說道：「我以為我們會在一起一輩子，如果早知道會這麼早就分開，就會對他好一點。」之類的話語。

人的世界，在感情這一塊，大多數的體會比較不會有期限、侷促的感受。

「在我養牠的第一天，我就想到牠死的那一天，牠的生命就只有十幾年啊！」

這位狗主人說得眼眶泛紅，我也跟著紅了眼。

「我也有相同的想法，每當我每天撫摸著牠時，我還是會想到，可憐的孩子，只能夠活個十幾年，這時我的手會變得溫柔，身體也變得柔情了，我總是會想，牠們的生命是如此短暫，一定要對牠們好一點。但我的狗在兩歲那年差點死去時，我的心才幡然明白——狗狗壽命不是十幾年，活十幾年的算是長壽，算是壽終正寢呢！」

有期限的愛，那期限，還可以被縮短。

這樣的驚覺——親人，愛人，人的期限，也是短暫又短暫的。

但如果，我們有千萬個日子可以在一起，則所有情愛品質也變得粗糙了。

就因為「有期限」，生命才變得異常珍惜。

異常珍惜時，短短十年，似乎也過得特別的久、特別深刻。

如果把這份從養狗的體會中轉移到人的情感上，應該會更有意義、更為美好的。

因為有這認知，所以珍惜所愛。

＊　＊　＊

當自己有遠行，時間正在倒數時，我會對牠們很好。不捨，但又不得不前行，那時自己感受到的真愛品質是如此的不同呀！

而遠行回來，心滿意足，雖有疲累，看見牠們，那愛又有不同。

愛，短短就好。我不是很認同這一句話，真愛，總希望大家在一起的時間長些。

但是，若想像愛是有期限的、一切就是含著悲傷時，因悲傷，珍惜所愛，那愛的品質就真是不同。

我相信，永恆的意義了。

世上，真有永恆的存在——當你分分秒秒珍惜所愛時。

愈悲傷，「人生荷包」愈滿

請細想世界不朽的名片，是不是悲劇居多？

男女主角因為一部戲，必須哭個不停，但他們因為這一部戲，所得到的金錢報酬是很高的。

編劇會這樣「編」，是因為群眾「愛看」，收視率才會上來；可見，大家對於悲傷的感情有多麼地喜愛。

試想，這樣是不是有一些矛盾，每個人的真實生活都不愛悲傷，卻喜歡看戲劇中悲傷的橋段，愈苦慘的劇情愈愛，結果一窩蜂的編劇就編出這樣的劇情，然後演員必須幾乎是從第一集哭到最後一集。

人是不愛生命裡有悲傷的，但其實悲傷是人生曲調中很特別、很漂亮的一段，而且是很吸引人的一段。

如果你不信的話，下一次看看幾個談話性節目，邀請來的特別來賓特別愛說自己的苦，說到「苦」時，你是不是特別的專注，特別興奮，特別起勁？

如此說來，當自己遇上悲傷，不要先急著悲傷，想想如果這是一部連續劇的話，收視率有多高呀！而且自己若是其中的主角，真是賺到翻了！

於是有不少人寫了自己的自傳，拍了自傳電影，以個人的苦作為特色，這些就可以揚名立萬。

這樣子看悲傷，是不是就不太悲傷了？

＊　＊　＊

「下一次我一定要把我的故事告訴妳，妳幫我寫成小說。」

一位朋友被第一個已婚男友倒帳，負債在家，年長三、四十歲的房東照顧她，結果竟成了她的同居人。後來，她又遇見一位投靠房東的外籍人士，她竟然與其私奔，之後因為這位外籍人士涉及一些刑案，被迫離開台灣……

這人生真是超級複雜，聽起來也很難過，一路遇人不淑到底了，但這位朋友說這些事情時，說得

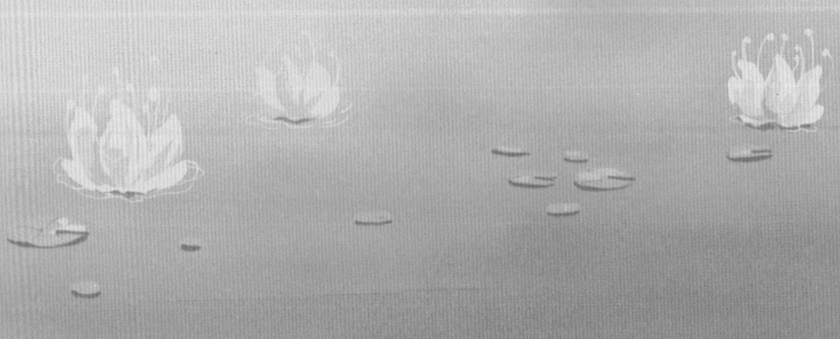

似乎很光榮，心情挺好的，多采多姿似的。

這又是怎麼一回事呢？她明明嘴上說自己當年難過得要跳樓自殺，但此時她的神情又像是個俠女一般。

我想，當時是悲傷，過了悲傷期，成了今日光榮烙印的事蹟了。

傷痕，若不讓人死，就成為徽章。

＊　＊　＊

或許我們不如明星，荷包賺得滿滿，但若是悲傷沒有置你於死地，我想這悲傷也會讓你「人生精神荷包」飽飽的。

「如果沒有這些事情，生命就太平淡了，我此時也沒有辦法在這裡說什麼了。」

一位負債上億的人，不斷還錢、賺錢、還錢，最後說出這話。

光榮炫耀的事情，聽起來令人不耐煩，但悲傷的事情令人信服，這是奇妙的，我想大家都喜歡扶持弱勢吧！

悲傷，不盡然完全的悲傷，正因它其中有許多無限的可能性。

國家圖書館出版品預行編目資料

簡單就快樂 / 司恩魯. -- 初版.--
臺北縣板橋市：雅書堂文化, 2010.03
面；　公分. -- (37℃；21)
ISBN 978-986-6277-09-2(平裝)

192.5　　　　　99002496

【37℃ 21】

簡單就快樂

作　　者／司恩魯
發 行 人／詹慶和
總 編 輯／蔡麗玲
副總編輯／劉信宏
編　　輯／方嘉鈴・謝美玲
行銷企劃／許伯藝
封面設計／斐類設計
美術編輯／Aki Studio

出版者／雅書堂文化事業有限公司
郵政劃撥帳號／18225950
戶名／雅書堂文化事業有限公司
地址／台北縣板橋市板新路206號3樓
電子信箱／elegant.books@msa.hinet.net
電話／(02)8952-4078
傳真／(02)8952-4084

2010年03月初版一刷　定價240元

總經銷／朝日文化事業有限公司
進退貨地址／台北縣中和市橋安街15巷1樓7樓
電話／（02）2249-7714　　傳真／（02）2249-8715
星馬地區總代理：諾文文化事業私人有限公司
新加坡／Novum Organum Publishing House (Pte) Ltd.
20 Old Toh Tuck Road, Singapore 597655.
TEL：65-6462-6141　　FAX：65-6469-4043
馬來西亞／Novum Organum Publishing House (M) Sdn. Bhd.
No. 8, Jalan 7/118B, Desa Tun Razak, 56000 Kuala Lumpur, Malaysia
TEL：603-9179-6333　　FAX：603-9179-6060